JN295506

感性のフィールド
ユーザーサイエンスを超えて

桑子敏雄・千代章一郎 編著

東信堂

はじめに

　感性の研究は、感性が受け止める世界の研究であり、感性と世界との関係の研究である。感性の活動する舞台を「感性のフィールド」と呼ぶならば、感性の研究は、感性のフィールドの研究でもあり、感性がフィールドと応答しあう関係の研究でもある。

　感性の哲学が感性それ自身と感性の働くフィールドについて考察の眼差しを向けるとき、そこには、衣食住、環境、生命、情報といった多様なテーマが立ち現われてくる。これらのテーマは、感性が人間の能力であり、その能力は、人間のもつ身体が環境世界から働きかけられ、また、その働きかけに応えることをその機能としているのであれば、感性は、身体の環境世界での動き、働きのなかにそれ自身を示すであろう。

　本書は、「感性のフィールド」と題し、感性という人間の能力とこの能力が躍動する場についての考察をテーマとする。各章の著者は、それぞれの得意な研究分野での考察を起点として、感性の働きとそのフィールドについて考察を加えている。いわゆる生活空間の哲学から始めて、農村、都市へと展開し、その後、河川の流域というフィールドから、身体空間としての産室、教室、建築といった多彩なテーマを論じる。さらに、歴史的感性の空間としての古墳や遍路道の考察を展開する。

　2011年3月11日に東日本を襲った大地震と大津波は、東日本の太平洋岸の海岸部の浜や磯、港湾施設、防潮堤だけなく、漁港、農地、そして、市街地などを破壊した。さらに、これに続いた東京電力福島第一発電所の爆発と放射性物質による広域の環境汚染は、多くの人々からふるさとを奪い、農山漁村の生活を破壊している。こうした現実を学問的に研究し、課題を解決することは、デスクワークでは不可能である。現実に出来事が起きている現場に身を置いて、すなわち、フィールドに身を置いて、その空間から受け取る

現象の意味を多角的に読み解くことが必要である。一つの視点、視線で考えるのではなく、多様な視点、多彩な視線のもとで照らし出された現象こそが、問題解決の糸口となるのである。

　本書は、フィールドのもつ意味を多彩な角度からの考察と学問的な営みにとって不可欠のものとして捉えなければならないという考えのもとで編集された。読者は、感性の多面的な機能とそれに相応するフィールドについての考察を本書から読み取ることができるだけでなく、現代の日本において、フィールドに立って問題を考えることの重要性を認識することができるであろう。

編　者

目　次

はじめに …………………………………………………………… i

第1章　生活価値の哲学 ……………………………… 清水　正之　3
1. 感性と哲学 ……………………………………………………… 4
   1.1 生活というフィールドと「方法」　4
   1.2 生活と価値―土田杏村の位置　6
2. 生活の統一という視点 ………………………………………… 8
   2.1 問いの広がり　8
   2.2 創造活動としての生産と消費　9
3. 日常と哲学 …………………………………………………… 12
   3.1 哲学研究と「二階建て」の議論　12
   3.2 生活価値の哲学とそのひろがり―個人の福利への欲求と創造　14
4. 生活価値の哲学へ …………………………………………… 16
   4.1 生活と共同性―共生のかたち　16
   4.2 生活価値の哲学と生活の統一―建築的合目的性の確立 … 17
5. 感性からの思索 ……………………………………………… 20
   注　21
   参考文献　21

第2章　風景の〈物語り〉 ……………………… 長谷部　正　23
1. 持続可能性を感じさせる農村風景や伝統芸能 …………… 24
2. 風景〈物語り〉 ……………………………………………… 26
3. 盆地的小宇宙における風景〈物語り〉の伝承 …………… 27
   3.1 カミへの視点　28
   3.2 盆地的小宇宙と風景〈物語り〉の継承―伝統芸能に着目して　29
4. フィールドの状態変化と〈物語り〉 ……………………… 30
   4.1 農業政策に対応した土地利用の変化の影響　31
   4.2 農業・農村の近代化の影響　33
5. 風景〈物語り〉の継承における聞く力の役割 …………… 38
   注　39
   参考文献　40

第3章　都市をめぐるこどもの歴史的感性…　千代章一郎　41

1. 環境を評価する …………………………………………… 42
   - 1.1　環境地図の制作　42
   - 1.2　フィールドにおける身体とその成長　43
   - 1.3　フィールドワークという方法　44
2. 身体の延長としての都市空間 …………………………… 48
   - 2.1　衛生　48
   - 2.2　安全性　50
3. 都市空間の自然性への感性 ……………………………… 52
4. 都市空間の人工性への感性 ……………………………… 55
   - 4.1　現代建築物　55
   - 4.2　工事現場　57
   - 4.3　歴史的建造物　59
5. 歴史的感性 ………………………………………………… 60

注　63

参考文献　65

第4章　流域の「自治」をデザインする………　関　礼子　67
――"絆"をつなぐフィールドミュージアムの来歴――

1. 超高速更新社会のなかの記憶 …………………………… 68
2. 記憶の未来を模索する …………………………………… 69
3. 切り刻まれた川を結ぶ …………………………………… 72
   - 3.1　流域の生活と新潟水俣病　73
   - 3.2　ふるさとの環境と地域の"絆"　75
   - 3.3　ふるさとの未来への模索　76
4. 未来の流域を紡ぐ ………………………………………… 78
   - 4.1　ネットワークの森　80
   - 4.2　流域の集合的記憶　82
   - 4.3　地域を磨き、流域を磨く　83
5. フィールドミュージアムを模索する感性 ……………… 84

注　85

参考文献　86

第5章　川づくりの感性・制度・技術………　桑子　敏雄　89

1. 感性と合理性の競合 ……………………………………… 90

2. 感性的経験と環境 …………………………………………… 91
　3. 天王川再生事業 ……………………………………………… 94
　4. コミュニケーション空間のデザイン ……………………… 101
　5. 天王川座談会の意義 ………………………………………… 105
　6. 感性とフィールド …………………………………………… 107
　　注　108
　　参考文献　108

第6章　「いいお産」をめぐる考察 …………… 谷津　裕子　111
　　──看護のフィールドから──
　1. 「いいお産」が語られるフィールド ……………………… 112
　2. 「いいお産」と自然性 ……………………………………… 114
　3. 「いいお産」と主体性 ……………………………………… 116
　4. 「いいお産」と身体性 ……………………………………… 117
　5. 「いいお産」という言葉が意味するもの ………………… 119
　6. 「いいお産」を育む出産当事者の感性 …………………… 121
　　参考文献　121

第7章　教室の感性 ………………………………… 根津知佳子　123
　1. 教室という時間・空間 ……………………………………… 124
　2. 外からみる感性と内からみる感性 ………………………… 127
　3. 変容の中の不変 ……………………………………………… 130
　4. 教室という空間で繰り返される双方向の対話 ………… 134
　　注　135
　　参考文献　135

第8章　建築家のサイト ……………………………… 小野　育雄　137
　1. 建築家のsite ………………………………………………… 138
　2. ホールの言葉(建築することについての論的思索・反省的思索)の解明　139
　3. 作品生成という実践にみられる思索(建築作品化としての思索)の様相　141
　　3.1　還元としての移行　141
　　3.2　designへの移行　144
　4. 今後の究明を待つもののひとつに …………………… 148
　　注　149
　　参考文献　152

第9章　古墳と宗教的感性　………………… 岡田真美子　155
  1. 宗教的感性の哲学とフィールド ………………………… 156
  2. 問い直し：①「古墳は支配者の権力誇示装置だったのか？」157
  3. 問い直し：②「古墳儀礼は何だったのか？」…………… 159
  4. 根本的な問い直し：③「古墳はなぜ作られたのか？」… 161
  5. さらに根本的な問い直し：④「周濠古墳はなぜ造られたのか？」164
  6. 問い直し：⑤「古墳儀礼は何の神を祀ったのか？」… 167
  7. 古墳の水祭祀 ……………………………………………… 170
  8. 古墳の心情的風景 ………………………………………… 171
     注　172
     参考文献　173

第10章　旅の知　………………………………… 佐々木能章　175
  1. 旅の情念 …………………………………………………… 176
  2. フィールド研究と学問 …………………………………… 178
  3. 旅のフィールド研究は可能か …………………………… 181
  4. 調査と体験 ………………………………………………… 183
  5. 旅の研究の普遍性 ………………………………………… 188
     注　190
     参考文献　192

おわりに …………………………………………………………… 193

索　　引 …………………………………………………………… 196

執筆者紹介 ………………………………………………………… 199

感性のフィールド
──ユーザーサイエンスを超えて

第1章

生活価値の哲学

清水　正之

「海」　古賀春江　1929

土田と同時代の古賀。1920年代の人間と機械、そして自然（環境的自然・生態系）との関係の新たな情景と、それらの均衡のほころびかねない予感という時代の感性がよく現れている。科学技術は人間のシステムに、どのように内部化されるべきだろうか？

> **本章の概要**
>
> 大正期から昭和初期にかけて、広義の京都学派に属しながらアカデミズムの外で活躍した土田杏村の、工業や資本主義の早すぎるほどの、近代の本質的把握を示す体系のなかから、生活価値の哲学という彼の着想をとりだしてみる。それは近代日本の哲学のもっていたいわゆる「二階建て」の構造、すなわち感性と知性の乖離を、独自の視点で統合し、いわゆる感性哲学の一つの型を私たちに示している。哲学倫理学と実践知との融合があらためて、強調される今、土田への関心は単に文献的哲学史におわらず、たとえば国際主義とグローバリズムに感性哲学がどう向かうか、等の示唆さえも与えてくれるものと思われる。

1. 感性と哲学

1.1 生活というフィールドと「方法」

　感性の活動は、心身の営みであるとともに、具体的な生活というフィールドのうえに成り立つ。生活あるいは日常性は、もっとも根源的な行為の場であるが、思考の対象となりがたい面がある。佐々木のいうように（本書第10章2節）、観察者が同時に実践者であり、しかも両者は分かちがたいという本来的な二面性の場であるからである。本章では、その生活というフィールドを感性哲学の対象として取り上げる方法をみておきたい。哲学にとっては、フィールドあるいは現場とは、哲学的営みそのものであるとともにその営みが含みとる事象であり現象である。行為は現実の状況、またそれに対応する生活的関心に基礎をおく。本論で取り上げる土田杏村と交友のあった三宅剛一は、戦後、現象学的方法を「開放的、作業的方法」（三宅、1966、p.1）と表現している。ここでの対象は日本の近代哲学史の一断面であるが、歴史的な考察自体が本論の目的ではない。「人間の歴史の生を全的に歴史化」することがわたしたちの哲学の課題ではない（同、p.140）という三宅に、また同様に考える土田に同意する。同時に、哲学では、問題となる事柄自体についての思索の営みの歴史である哲学史自体を振り返ることも、「作業的方法」の場となるのであって、単なる文献学的な関心からではない。

　この章では、大正期から昭和初期に講壇哲学の外部にあり、主としていわ

ゆる論壇で活躍した在野の哲学者土田杏村（1891〜1934）の哲学と、その「生活価値」にむけるまなざしを「開放的、作業的方法」の対象としたい。それによって、わたしたちが掲げてきた「感性哲学」の哲学的根拠を再考しようというものである。土田は、現象学の日本への初期の紹介者の一人でもあるが、その哲学的視点は、感性哲学の根拠づけに資するものがある。

「感性哲学」の課題を、桑子敏雄は、「衣・食・住から環境・生命・情報にいたる感性の関わる領域での、人間と社会のヴィジョンをつくるコンセプト・ワーク」（桑子、2002、p.3）と表現している。そのように定義された「感性哲学」のなかで、感性を自己と他者の関係を感じ取るだけのものにおわらせず、関係自体を形成する能力とみたとき、個と個、個と共同体との関係をどのようなものとし、方向づけるかは、その問題圏のなかのもっとも重要なものの一つであるといえよう。

感性という用語は西洋哲学の中では、理性にさきだって世界を受容する働きとして、カントの認識論等のなかではとくに厳密な定義がなされる。しかし、日常的実践的意味において、身体に関係した自然の欲求のこととみなし、それにもとづく受動的感受的な能力という意味で使うときは、西欧語も、日本語（ないし中国語）の語感とそれほど異なる意味ではないといえる。日本語（ないし中国語）の語感に即するなら、感性は自己の外なるものをうけとめる能力であり、自己と他者（人間のみでなく物や自然の外物をふくむ）との関係、その意味での環境（他者や外物に取り囲まれた自己がおかれている空間的時間的条件）の感受・受容にふかく関わる。感受・受容は、身体を媒介した行為の原点でもある（千代、本書第3章）。

自他の関係性の感受とそこに成り立つ行為、両者の間主観的な相互的なやりとりは日常生活の核心をなすから、それを対象化しようとする知的なかまえの対象は、文化・芸術であれ政治・経済活動であれ、教育であれ、商品開発であれ、多様でありうる。根津の指摘する、暗黙知が含みとるものを形式知へと変換するこころみの多様さである（本書第7章1節）。日本感性工学会の諸部会のテーマの多彩さは、その目に見える現れであろう。佐々木（本書第10章3節）のいう「現場」成立の困難さの指摘を正面からうけとめたい。

と同時に、ここで知的な遺産をフィールドとすることは、個と個、個と共同性という「関係」が具体的に社会の歴史の重層性のなかで形成されてきたものであり、「履歴」の上に成り立ってもいる現代の問題につながる方法的視点を、対象自体が提供するとみるからである。

　土田杏村に即することは、さしあたって二つの意味がある。一つは、明治末期をさかいにはじまる日本の哲学の講壇化によって、感性と哲学の関係が希薄になり現今に及んだことである。土田は講壇哲学の形成期に、その外部にたち拮抗しながら、時代の条件とそれの受け止め方を正面から問題化したが、そのことで、現在の我々の生活の位相と近似した面をあらわにする。現在、哲学は生命倫理、環境倫理を問題にする応用倫理学をはじめとして、あらためて実践的な場への哲学的接近という課題をもつようになったが、土田のなしたことは、応用倫理学の先駆的な形でもあった。これが二つ目の意味である。以上のような視点から、以下、土田杏村の哲学的立場にそって、その主張を理解し分析することからはじめたい。生活を哲学に組み込む理路に、生活こそ感性的な場面であるという観点を見ておきたい。

1.2　生活と価値―土田杏村の位置

　土田杏村は佐渡に生まれ、東京高等師範学校で、丘浅次郎のもとで生態学・博物学をおさめ、田中王堂のプラグマティズムにふれた後、あらためて京都帝国大学で西田幾多郎のもとで哲学をおさめた。在学中から、社会的評論活動をはじめ、卒業後はいわゆる講壇哲学の枠外でその研究や評論活動をつづけ、比較的短い生涯をおえた。その主たる活動時期は、大正期であったこともその哲学思想のモダニティと深く関わっていよう。彼は、広義の京都学派に属するとみることができるが、京都学派という呼称自体が実体化されたのが昭和の10年頃であるので、それから見れば埒外ともいえる。土田がながらくアカデミズムからも埒外と思われていたことは、その師、西田幾多郎の土田への評言としての、「非常に深いとか根拠的に基礎付けられて居る」という風な哲学とはいえない、という評言などに因ることもあるだろう。また彼は昭和9年没という短い生涯をおえるが、産業の自主統制という主張など

から、国家社会主義的であるという後の評価などが相まって、これまで忘れられた思想家とされてきたといえる[1]。

　土田は、哲学を生活価値の吟味とみなす。そして、生活を構成する「衣食住」の意味を哲学的に吟味し、生活の統一の形を模索するが、その方向は、まさにわたしたちのいう感性の哲学そのものである。さらに彼が、その立場から機械文明や生産・消費のありかたに先駆的な目をもち、また、都市と地方との関係を、彼のいう生活価値の哲学という視点から考えていたこと等に、わたしたちが、あらためて吟味する意味があると思う。

　土田の現代に向ける意義を端的に示す文章を紹介しよう。

> 　我々の後に来る子孫の幸福を保護するとは、地球の固有する動力と原料との消費せられ易い形態にあるものを、我々の時代だけで浪費しないことだ。その生産が購買力と利潤とを目標するのではない社会制度が成立したにしても、なほそこでの生産は、兒孫の幸福へは無頓着であることは可能だ。……（しかし）生産の社会的統制は、こうした点に達してそれの道徳的意義を最高の程度にまで発揮することができるだろう。（土田、1925、p.99）

　大正14年の文章であるが、資源の枯渇、その認識に立つ「世代間倫理」に日本で言及した最も早い例であるといえるだろう。ここでは、その先駆性からのみ土田を取り上げる意味があるのではない。この時代にこのように人類の未来を発想したそのまさに土田の感性のありかたこそ私たちの主題たりうるということである。このような文明へのまなざしと、土田のいうところの「生活の価値」の定立、日常をふまえながらそこを越えうる哲学的営みの定位こそが、このような視点を持ち得た原点であることの意味を考えさせるのである。

2. 生活の統一という視点

2.1 問いの広がり

　土田杏村がもっとも旺盛に活動した大正期は、哲学の上では、明治末期からの講壇哲学とマルクス主義の影響下に在野の実践的哲学とが分岐した時期であった。講壇哲学は、西田哲学によって一層、その足場を固めた。「生活」あるいは世知が、哲学自体の問題とならなかったことはそうした状況が関わる。アカデミズムからは、生活の実質は、学問的概念化の終着ではないからである。他方で、「生命」とはどちらの領域でもよく見る言葉であった。時に「大正生命主義」というような呼称で、その自然主義的、本能本位的思潮が、批判的に指摘される。生、生命のもとの言葉、Leben、Life が、講壇哲学の側では「生」とされ、在野では「生命」あるいは「生活」と受け止められたこともそうした思想界の現状に関わってといえるだろう。土田においては、それは、「生活」としておさえられ、そのなかに「生命」をふくむものでもあった。そこには、博物学から学問的経歴をはじめた土田の履歴も関わっていよう。

　先に彼の関心の幅について、ふれておきたい。彼の関心、活動は多岐にわたるが、整理して考えるために二つの側面にまとめてみる。一つは自由な人格による人々の自律、それにたつ共同性であり、他方は、工業・機械化による生産・消費のあらたな生活的意義である〔機械こそ精神的であるとし[2]、工業生産品に新たな美や人々の福利をもたらした肯定面をみる。ル・コルビジュエにいち早く関心を寄せ、建築の合目的的性格を頂点とする機械美の導入こそが生活の統一であり（建築美と感性哲学の関係は本書第 8 章小野育雄を参照）、時代の精神そのものであると主張（土田、1925、p. 277）。また消費を創造的行為とみなす。他方次世代のために資源保護をとく等々〕、両者の媒介をかんがえ、消耗のみを機能とする都市と、富を都市に奪われる農村の格差の本源を観察し、自給自足、自立によるあらたな経済システムの提言をおこない、官僚的ではない生産の自己統制の必要を説き、そのための自律的で自由な個人の育成の必要をとなえ、さらにとくに農村地帯での自学自習の必要、いわゆる「自由大学」の構想と実践に自ら関わっていった。

現代の政治経済教育などの問題に通ずる、モダンの時代に通有の多くの議論を展開しており、はやすぎる着眼には驚きを感ずるほどである。彼の評論活動の主な時代は、大正デモクラシーの余韻のなかで、金輸出解禁後のデフレ、政党政治の無力、国際的孤立などから、徐々に社会的な不安定要因が看取される時代であった。戦争の予感のなかで、あだ花のような大正期を中心に、統制と自由、国民主義と国際主義、などの激しい対立のなかで、歩むべき方向を見極めようとする。

2.2　創造活動としての生産と消費

土田は、工業への全幅の信頼を表明し、それが生活のもたらすものの意味を評価する。工業生産物は、確実に人間の生活に利便とあらたな「美」をもたらしたのである。土田は、農村(「田舎」)の生活費が都会によって決定されることから、都市を「絶対消耗体」とみなすが、そこから、地方(田舎)がまとまった購買力をもち、金融生産の組合を設立し、組合の信用によって都市そのものの機能を自らのものとすることで、都市の文化生活の機能を地方に移植するというプランにむかう。たとえば、次のような夢想をえがく。ちなみに、われわれの感性哲学にとって、都市だけが問題なのではない。都市と農村、都市のなかに食い込んでのこる歴史的景観、あるいは都市化以前の風景の問題が重要であること、さらにその二元的項を、同じ方法論的視点から統一的にとらえることが感性哲学の本来的意味であることは、本書の諸論文が指摘しているとおりであるが、土田の視点は多くの示唆に富んでいる(本書第3章(千代)、第2章(長谷部)、第4章(関)、第7章(根津)、および第5章(桑子)。それぞれの立論に深く関わる問題である)。

　　なんと美しい田舎だろう。そこには自動車が自由に往復する大道が通っている。そして田舎らしい緑葉の並木が走り、山は光に潤うてただこの美しい光景に感謝しているようにみえる。……瀟洒な建築の農村……消費組合の百貨店が……農民銀行の支店、映画館、劇場、図書館どこの家も裕福さうで、土間には最新式の農具、……気品の高い芸術的

な食器が並び、書棚には楽器が並んでいる……何とうらやましい生活であるか」（土田、1925、p.366）

「生産と消費はともに創造作用」であり喜びだという土田は決して自然回帰論者ではない。機械のような工業生産物は、生活にあらたな美をもたらしたもので、手作りにすら優れる面がある。安価な工業製品は、人々の暮らしに福利をもたらしたことは否定できないからである。「食ふことには食ふことの価値、着ることには着ることの価値、同様にして衣食住のすべての部面に、それの自立的価値がある筈だ。そしてそれらの価値は、無限に潤沢に、豊富に、実現せらるべきだ。」（土田、1925、p.58）という立場から、衣食住から流行、ファッションなどを制度との連関の中でその意味をさぐる。生活は、手段的・資料的なものの上に基礎づけられるが、同時に、手段的・資料的なものにのみ即していては、哲学ではないし、生活の統一は不可能である。生活を基盤に、イデアを構想し、生活を価値付けることは、小野（**本書第8章2節**）のいうところの「往相の知」と「還相の知」の往還とそのあわいで成立する知の有り様を、土田なりに指摘する。

　　文化生活の価値は歴史的努力の中に発見せられるものであり、現在の価値付けはそれの全部ではない。新しい価値は生活の超越的方面にも求められるが、または同時に現在は手段的、資料的と見られてゐるものの中へ沈潜して、それの内在的価値を発見する方向にも求められなければならない。（土田、1935、p.57）

すでにふれた土田の世代間倫理の主張が、「価値」を生活の単に超越的方向、すなわち理念や抽象にのみでなく、彼のいうところの手段的、資料的なもの、すなわち物質的素材のうえに、新たに築かれねばならないとする立場に関係するのである。

　土田は文化の哲学、個性化の哲学を論ずる。しかし、これらの哲学のデザインをたんに抽象的にかかげるのではなく、この意味での生活の視点に見い

だし、その価値付けに、哲学的意味（純生産主義、自然本位主義、地方主義、および個性主義）を見いだした。そしてその帰結として、彼の哲学の根底に価値付けによって生活の統一を図る「人」の育成をおいた。生涯教育の実践者であり、新潟・信州での農村青年を対象とした講座の運営も、このような都市と農村の格差の解消をうたう社会論からでてきたものである。

「自ら労働しつつ自己の教養を得る」ことが個人的にも社会的にも人間生活の目標である。農村はそのもっとも近いところにいるのだが、そのためには今以上に労働しつつ教養する生活を拡充すること必要となる。そのためには、①一般的知識的教養もとめ「自学の習慣」を目標とし、官製の成人教育を批判し、自らも実践した自由大学の運動を提唱した、②一般的教養は単なる手段ではなく、実業的教養に先立つものであり、その喜びの上に専門実業的教養をつけることを主張し、③文芸草書の出版や美術展覧会の開催など情操的教養の必要を説いた。

これら教育の問題は、一方で経済政治のシステムの洞察と連関し説かれている。認識論、華厳を背景とする人間論、現代思想、文化潮流、モードやファッション、恋愛論、中国への関心、そして日本の伝統思想への関心等に多様に分岐する。

土田は以上のような議論を、広く世界の思想・文化の見取りのなかで展開した。彼の時代は、日本の大陸進出が本格的にはじまる前夜であったが、大陸を単なる市場と見ることに反対し、その意味で国際主義と批判し、かれなりのローカリズムをとなえたのである。他方、彼の社会論とグローバルな視点はまた興味深い結びつきである。『日本支那現代思想研究』（原英文）は現代哲学の東アジアでの受容という広い視点からえがかれた希有の書であるし、金素雲の『朝鮮口伝民謡集』が第一書房から700頁にわたる本として出版されたのも（ドヤ街をめぐり、深川本所などの朝鮮人労務者たちから採譜収集した。日本語抄訳が岩波の『朝鮮童謡選』・『朝鮮民謡選』）土田の口添えであったことなど、生活に立脚する土田の哲学的立場があらわれている。

3. 日常と哲学

3.1 哲学研究と「二階建て」の議論

　冒頭で、近代日本哲学史のなかでの土田の位置ということにふれた。感性哲学は、明治以来の哲学の受容史の反省と深く関わっている。

　アカデミズムの哲学の成立は明治の終わり頃である。カント及び新カント派への関心、マルクスおよび社会的実践への関心の二つに思想は分岐するとともに、前者を志向するアカデミズムは現実から退くところに、その世界を築くことに向かっていった。すこしあとになるが、アカデミズムが定着する過程をここ日本で体験したドイツ人哲学者カール・レーヴィットの評言は、その間の事情をよくあらわしている。しばしば引用される彼の言葉を引くこととする。この哲学者のまなざしは、哲学が連関を持つまさに具体的生の場面の重要性を象徴的にあらわしている。

　レーヴィットはいう（K. レーヴィット、1975、所収「日本の読者に与える跋」）。日本が中国文明を受容したときとはことなり、ヨーロッパから受容したのは、ヨーロッパの物質文明（「近代産業および技術、資本主義、民法、軍隊の機構等、それに科学的研究方法」）であった。レーヴィットはこれらのみでは「自由と美」だけは手にできないという。すなわち「人間の本当の生活、物の感じ方および考え方、風習、物の評価の仕方は、その傍に、比較的変わらず存続している」のである。ヨーロッパ精神の受け入れは、日本の旧来の「生活、物の感じ方および考え方」等に浸潤しなければならないはずだが、それは受け入れなかった、と彼はみる。東洋日本は、西洋でできあがった結果のみをとりいれ、西洋の自己否定を深いところで受け止めなかったのである。彼の体験した日本の、日本人の「自愛」の深さの分析は、現代からみれば、ある種オリエンタリズムと称されるものを若干ふくんでいるだろう。しかし、大筋ではあたっていよう。

　レーヴィットは、日本の哲学学徒の勤勉さを高く評価しながら、その学問と日常の生活、感性、彼のいう「物の感じ方」との乖離を二階と一階という周知の比喩で語っている。

もちろん学生は懸命にヨーロッパの書籍を研究し、じじつまた、その知性の力で理解している。しかし、かれらはその研究から自分たちの自我を肥やすべき何らの結果も引き出さない。かれらはヨーロッパ的な概念―たとえば「意志」とか「自由」とか「精神」とか―を、自分たち自身の生活・思惟・言語にあってそれらと対応し、ないしそれらと食い違うものと、区別もしないし比較もしない。即自的に他なるものを対自的に学ぶことをしないのである。ヨーロッパの哲学者のテキストにはいって行くのに、その哲学者の概念を本来の異国の相のままにして、自分たち自身の概念とつき合わせて見るまでもなく、自明であるような風にとりかかる。だから、その異物を自分のものに変えようとする衝動もぜんぜん起こらない。かれは他から自分自身にかえらない、自由でない、すなわち―ヘーゲル流にいえば―かれらは「他在において自分を失わずにいる」ことがないのである。二階建ての家に住んでいるようなもので、階下では日本的に考えたり感じたりするし、二階にはプラトンからハイデガーに至るまでのヨーロッパの学問が紐を通したように並べてある。そして、ヨーロッパ人の教師は、これで二階と階下を行き来する梯子はどこのあるのだろうかと疑問に思う。本当のところ、かれらはあるがままの自分を愛している。認識の木の実をまだ食べていないので、純潔さを喪失していない。人間を自分の中から取り出し、人間を自分に対して批判的にするあの喪失を嘗めていないのである。（同、pp.117-118）

　レーヴィットが、ナチスの政策でドイツの大学を辞め、東北大学に招かれたのは1936（昭和11）年11月であった。そして1941年日独の提携の強化のなかで、離日し渡米する、その間の体験からの以上の言である。もとより、土田は1934年に没しており、同じ時間を共有したわけではない。しかし、土田の活躍は講壇哲学の確立期とかさなり、確立し制度化したあとの事情の証言とみるなら、そこには通じる物がある。
　レーヴィットの認識を土田にかさねることは、土田の意味をさぐることに

役立つだろう。土田は、現象学の初期の紹介者ともしられるが、けっして「自愛」のそとにでなかったものではない。同時にレーヴィットの批判する日本の哲学学徒のありかたとも異なる道を歩んだものといえるだろう。哲学は、人間の改造、広い意味での啓蒙に向かう。感性に根ざしたその生活を理想にむけて価値づけ、「一般化」し「構造化」（佐々木、本書10章2節）をこころみ、理論とするのは人間にほかならない。

3.2　生活価値の哲学とそのひろがり―個人の福利への欲求と創造

　さて生活をどうみるかは、工学系や人文系その他とのジョイントをめざす感性哲学のありかたにふかく関わる。土田は大量生産品に美をみるとすでにふれた。そこに生活にねざす精神の美をみるのである。民具に美しさをみた柳宗悦はよくしられるが、その反対である。どうしてだろうか。それは科学技術への内在的な目といえるだろう。大正期は、科学技術、その一形態としての大量生産品が人々の生活に容易に届く時期であった。同時に、第一次世界大戦は、科学技術の粋をあつめた総力戦の形態を取りはじめた時期である。土田は科学技術の、一方的な賛美にも、反感にもかたよらない。先に引いた世代間倫理にあるように、生活は、素材的であること、素材の価値による加工であり、それによってこそ文化がなりたつことを良く認識していた。

　その先駆性を問題にしても問いは進まないとすでに述べた。このような今の私たちにも、外部的な問いになりがちな問いを、どうして内部の問題をして捉えることができたのだろうと問うべきであろう。土田は生活を、技術と環境との関係として捉えていた。

　彼は最初に生態学をまなんだ。そこに人間と社会、人間と自然との有機的な連関を探る目があったろう。そのような有機的連関のなかにある人間と何かが、かれの「生活価値」に関わっている。

　初期の哲学的著作の一つに『象徴の哲学』がある。彼は華厳の思想に自分の思想を重ねて理解している。そこでは人間の多様性がかたられる。多様性には欲望が大きな意味をもつ。仏教によりながら、欲望的な存在を否定しない。彼の哲学的存在論、認識論を一瞥しておくことは意味があろう。

感性の感性による感性のための哲学たる「感性哲学」にとって、感性とは自己と他者の関係を感じ取る能力であるゆえ、個と個、個と共同性の問題はその問題圏の中の最も重要なものの一つであろう。まさに今日的問題でもある共同性を考えるとき、個人か共同体かという二者択一的な議論におちいりがちである。近代日本の哲学倫理学史でも事情は同じである。個人性を他者の承認と、どう連接させていくかが近代の日本哲学史・倫理学史の苦渋の歴史であったと言える。

　そのこころみのなかで、功罪をともにもつのが、たとえば和辻哲郎である。人を「人と人の間」にあるもの、すなわち人間存在、間柄存在ととらえ、実践的行為的連関の内にあるその位相を、東洋思想からまた西洋哲学の展開をふまえ周到に論じたのは和辻哲郎であった（『人間の学としての倫理学』『倫理学』など）。その人間存在論は、人間の空間的あり方を「風土」という間柄と密接に関係する概念で捉えた『風土』などの意味ある成果を生んでいる。

　しかしながら端的に言えば、和辻の考える共同性は、個別と全体を対立的に捉えるものであり、「個別性」と「全体性」の相互否定の契機を見込んでいるとはいえ、結局のところ全体性に個別性を吸収させる。昨今のナショナリズ批判の矢面に和辻が立つゆえんでもある。間柄という立場から彼は個人主義を論理的仮構として排除する。

　和辻によれば、日本の倫理思想の歴史自体が、個人主義否定の運動であった。かれは神話に「己の福利をはかる」ありかたを他者に背くうしろぐらさととらえる「清明心」を見出し、その伝統がそれ以後も倫理思想のながれとなったとみる（「無私」をもって徳目とする）。日本人は「個人として生きた経験をいまだかってもたない」のである。こうみる和辻のたてる共同体は、整形ずみのきわめてリジッドな共同体であり、したがって個と共同体の関係はつねに個と全体の問題と理解される。本書の桑子論文の指摘する人々の「感性的差異」を過小にみ、その差異をこえ合意にいたる方策を、因習的な共同体主義においた倫理学といえるだろう（差異の現実的乗り越えの考察は、**桑子、本書第 5 章**にくわしい）。

4. 生活価値の哲学へ

4.1 生活と共同性——共生のかたち

　近代日本で和辻的な共同性とはまた別種のそれをうちだしたひとりとして土田杏村をあげることができる。その哲学はカント的な「人格」主義と社会主義の接合という視点からのみみられがちだが、初期に、華厳思想を現象学から構成しなおすという著作を出版しており、現代思想の受容とは別の彼のバックボーンとなっている。

　とくに人間相互のありかた、共同性のとらえかたはふかく華厳思想の理解と関わっている[3]。華厳の理と事の関係の議論を「現実以外に何等隠れた世界といふものはない」（土田、1919、p.236）ととらえ、この世界と別の世界を想定しない。理と事とは、空と色との関係であるが、真如はあくまでも色＝現象にある。理は事にはいりこむと同時に飛び出す、すなわち理は事を超越するという形において、価値と事実の関係にほかならない、とみる。

　詳しい華厳理解の深部はここでの主題ではないので、その理解の二つの方向にのみふれておきたい。一つは、華厳の世界は個別の個別への関係を描いており、そこでは「一即一」という形も「一即多」もともに存在のありかたであり、すなわち個別は個別に「超越」することも「多」に向かって超え出ることもあるとみること（「事事無礙」の理解）。そして、もう一つは無明には真如がふくまれるがゆえに、一切の認識は無明をふくむと見る点。生きていくこと自体、無明の「覚」を通じた「不覚」の自己認識である（阿梨耶識の理解）。

　いささか立ち入ったが、共同性に戻る。簡明にいうなら、土田によれば、人間は善悪二つながらそなわったものであり、〈福利をもとめる欲望的存在〉としてその個的要求をつきつめつつ生きている。また同時に、欲望にくらまされた無明と超越する真如をみずからの不断の働きの中で統一しながら生きていく存在である。こう考える土田の場合、ひとひとりの想念（「情意」）は世界の全体を写し取るが、世界はその想念をふくみ取って世界としてある。土田の共同体（共同性）は〈欲望を否定的に見る〉和辻のように整形された

それではなく、人（「一」）がさまざまな感性によって世界を写し取ってあるという形（「多」）のまま進行する可塑的共同性の総体である。ひとりの内的外的変容（「超越」）はそれを含んでの世界のあらたな相貌そのもの、といってもいいであろう。「人と人の間」もこの先で示される。

こうした人間と社会の理解は、欲望を肯定しつつ、その欲望が、環境世界の「素材」と「衝撃する」自体をよくとらえたものといえる。

> 自然物として生れ、自然因果的法則に支配せられて生活する我々は、如何にするもこの自然物たることを離脱し、この法則の支配より遠離する訳にはいかない。我々はなほこれらの自然的経過の中に価値の実現を求めなければならない。換言すれば我々の価値的見地より自然的秩序の規制を計らなければならないのである。（同書、pp. 300-301）

人が福利をもとめて行為する（「為於利養」）のは仏教でいう三種の悪欲の一つとされるが、しかしまた「利養」をはからずに人はいきていけない。釈尊のおしえでも「欲望の満足を全然絶縁しては生存が出来ない」とされているのである（同書、p. 300）。またラッセルは、土田の理解によれば「所有と言い、創造と云ふを衝動であると為し、従来の経済学は欲望本位であったけれども、欲望よりも根基に我々の衝動生活があることを忘れてはならない」としたのである。創造は欲望よりもふかく「我々が仏法を了」するものである。

4.2　生活価値の哲学と生活の統一 ―建築的合目的性の確立

『宗教論』を引くことで、宗教とくに大乗仏教になにを託そうとしたかを「生活価値の哲学」という視点との関係でみておきたい。土田はいう。

> 「人間を、食ひ、住み、著る生活を基本として活動するものと見たにしても、それは直ちに人間を物質的に見たことにはならない。
> 人間は、食ひ、住み、著る活動から基本的には離れ去るわけにいかないことを、何人も否定しないであろう。しかし食ひ、住み、著る活動は、

目的のない、単に機械的な活動ではないのである。食ひ、住み、著ることは、生物の全体的な目的に対照せられて初めて意味を持ち得るものであり、その全体的な目的の見方を失へば、その活動は、食ひ、住み、著る活動とさへいはれず、単に或る筋肉が或る方向へ動く運動、ある腺の分泌液が食物に或る分解作用を起させる化学的な作用としかいはれないであろう。若しも「物質的」といふ言葉を、「無目的なもの」とか「機械的なもの」とかいふ意味で解するのであれば、人間の食ひ、住み、著る働きは、決して「物質的」は働きではない。（土田、1917、p.23）

　土田によれば、目的をたて、価値判断・価値基準をたてる「価値意識」の「実在性の源泉」を「現実的世界の実在性に汲」みとること（同書、p.75）が重要であり、そうしてわれわれの生活を全的に充実させることこそが「宗教的世界」の意味である。現代の生活環境のなかでは「依然として人間の魂を仏教の上につながうとしても、それは困難」（同書、p.90）だという。土田のこころみは、仏教を神話のまま信じるというものでなく、その象徴的表現を、世界把握、欲望等の感性をもって自己と他者の織りなす世界の把握に真理を投げかけるものとして、あらたな哲学的なまなざしの中で捉えなおそうとしたものの一例であるといえよう。

　土田は文献学によりながら、現象学的に〈生活〉にむかった。もちろんそのことは生活に密着して物質性に耽溺することではなかった。内在しつつ超越する、そうしたありかたを哲学とみることで、素材のうらづけのない理想主義にも、生活にべったりの実感でもない、まさに生活価値の哲学を構築する方向にむかったのである。その哲学は、まさに「生活」を価値の場とみて生活価値を哲学することを問うものであった。生活を他の思潮のように、観念的に捉えなかったことと深く関わる。すなわち生活は価値の場であるが、それは衣食住という素材的なモノの上になりたっているのである。素材的であるとは物質を離れては存在しないということである。しかもわたしたちは、素材的であることに動物的に利欲を満足させているわけでない。その生活を土田流にいえば統合して価値づける働きを持って生きている。私たちが超越

できない「生活」に価値を与えるのが、土田のいう哲学であった。その他大正期の女性の進出、中産階級の出現に相応した、女性論・恋愛論・モード論等に土田は展開したのである。

土田の議論は当時の「国際主義」の暗部にかかわる。当時は金融恐慌の世界的波及、世界各地の列強による市場化など、グローバリズムの時代であった。そして地域の意味が問われた時代である。史上最初の地域通貨の出現もこの時代のものである。時に土田は国家主義的であると誤解されるが、彼は、国際主義に対して一国的に立てこもることを主張はしていない。金融資本主義が世界的なものであることは認めざるを得ないとともに国内的な産業基盤・共同性の破壊を案じる。さらには解決策としての市場として中国大陸をみる見方へも批判的であった。このまなざしの普遍性を考えることが我々の課題でもあろう。

また彼は、日本の歴史的文化へのあらたなまなざしをむける。それは歴史の負荷を背負うというような重々しい文献学的なものではない。むしろ自由な現象学的なまなざしによって、すなわち書物にではなく、世間のなかに書

図2　松林図屏風（左隻）（右隻）

土田は智積院の壁障画の作者を長谷川等伯と断じた。桃山期の関心は「精神的に深いとか知的に精錬されているとか」いうことでな「とにかく肉体を含んでの全人間を内容的に何の鬱結するとこにもなく豪快に実現しようとしている」作品とみ、「我々が今限りない生活の悦びをこれらの作品に感じうる」としている。（土田、1935、第10巻、p.140）

物によってしめされる哲学の営みそのものを見いだすという形をとってなされるのである。

感性は、歴史性をにない、履歴をともなうが、書物は感性の源泉ではなく、感性の痕跡であり、感性は生身の生活にこそある。土田の知は、決して固定した対象を切り取る〈額縁〉(関、本書第4章)のようなものでなく、創造的なものであった。

> 現代生活が、統一を必要としてゐるとは、斯くして抽象的な一原理が詩人的に生活の各部門を歌うことを意味するのものではなく、各部分の構造が建築的な合目的性を以て、一の組織を成すことを意味する。現代生活特に社会的に表現せられる我々の生活の上に現はれてゐる欠陥のすべては、生活の各部面が余りに専門的特殊的に分離しそれらの間に関係を欠くにいたつたため、生活全体が唯一の建築的合目的性を表現し得なくなつたことに原因を持つものといはなければならない。我々の生活に於ける焦眉の急は、速かにこの統一を恢復することである。」(土田、1935、第1巻「生活の統一」、pp.25-26)

5. 感性からの思索

現代の哲学的状況のなかで、応用倫理学等がさかんである。それらは現代という時宜にかなっている。生活価値の哲学はその先駆的な形の一つである。しかし応用的な倫理は、なお対処療法的であることをまぬがれない面がある。土田の意義は、生活を哲学の立場であるとすることにより、ひろく感性的な態度をくみ取り、そこから知的な再構成をうかがうものだった。その意味で感性哲学のめざすものと通じている。

以上、土田の「生活価値の哲学」を、近代の日本の哲学史への配置を意識して論じた。土田の問題は、哲学史上の文献的問題ではない。「生活」を哲学的にとらえる一つの可能性をとらえている。事態がより深刻な今、土田の時務策は通用しない面もあろう。しかし素材的であり物質的でもある生活を

「生活価値」において統一すること、その統一の方向と意味をかんがえることは、感性哲学の一つの形を示している。まちがいなく感性哲学の先駆者のひとりであった。このように、感性に基礎をおき、人間教育の場、文化・文明の多様な側面に哲学的な思索を展開することそれこそが、彼の哲学の現場であった。

注

1　近年土田杏村への関心が高まり、土田に関する論文著作が出版されている。著作としては、『土田杏村の近代―文化主義の見果てぬ夢』(山口、2004)、『モダンという時代―宗教と経済』(竹田、2007)、等がある。
2　「茶室は精神的であった。併しながら今その茶道や茶室に比較せられ得るものを、我々は機械に於いて見ることができる。機械の目的は生活に合理的となつて、あらゆる無駄を省き最も有力に我々の生活力を発揮することである。この機械こそは現代に於いて精神的なものといはなければならない。茶道や茶室はなほ中世的であり、個人主義的要素から解放せられることが出来なかつたが、機械は全く現代にふさはしく社會的である。そこに茶室と機械との相違を見ることが出来る。けれども我々はまた両者に共通の精神が発揮せられてゐることを看過してならない。茶道によつて精神的に教へられた我々は、また機械によつて精神的に教へられなければならない。機械と精神とは結合せられなければならない。いや機械に於いて、我々の精神的なるものが既に工學的の表現を得てゐる。そこに我々は現代文明の意義を體認し、我々の社會生活の今後進むべき方向を内省しなければならない。」(機械と精神との結合 (p.277))
3　ちなみに教相判釈について、土田は、華厳経と法華経とは教義的には「全く同一」(『華厳哲学小論攷』新泉社、p.266)であるとみながらも、華厳のほうが法華に優位する、としていることを付記しておく。

参考文献

川本隆史、2008、『哲学塾―共生から』岩波書店。
K・レーヴィット、1975、『ヨーロッパのニヒリズム』筑摩書房。
桑子敏雄、2002、「感性と「住む」の哲学」『感性哲学 2』東信堂、pp.3-16.
佐藤康邦・清水正之・田中久文、1999、『甦る和辻哲郎』ナカニシヤ出版。
清水正之、2005、『国学の他者論　誠実と虚偽』ぺりかん社。
竹田純郎、2007、『モダンという時代―宗教と経済』法政大学出版局。
土田杏村、1935、『土田杏村全集』1～15巻、第一書房。

―――、1925、『社会哲学原論』（全集 8 巻、その他とくに表記しないときは全集版による）。
―――、1919、『象徴の哲学』（叢書名著の復興『象徴の哲学 付華厳哲学小論攷』1971）新泉社。
―――、1917、『宗教論』第一書房。
長谷川宏、2003、『日常の地平から』作品社。
―――、2008、『哲学塾―生活を哲学する』岩波書店。
三宅剛一、1966、『人間存在論』勁草書房。
山口和宏、2004、『土田杏村の近代―文化主義の見果てぬ夢』ぺりかん社。
和辻哲郎、1934、『人間の学としての倫理学』（岩波全書）岩波書店。
―――、『風土』、岩波書店。
―――、1937、『倫理学』上（和辻哲郎全集 10 巻、1987）岩波書店。
―――、1951『日本倫理思想史』（和辻哲郎全集 12 巻、1987）岩波書店）。

第2章

風景の〈物語り〉

長谷部　正

日常風景の変容

当屋の主が王祇様（「カミ」の依代）を迎える（山形県鶴岡市黒川地区）。

出所：筆者撮影

本章の概要

　本章は、農業・農村におけるフィールドの状態が変わると出来事としての新たな体験がもたらされ、農村住民が語る風景〈物語り〉に変化が生ずることを論じている（本章では、物語りを言葉だけでなく、からだ（身体）で聞き、語るという非言語行為を含めてとらえ、野家啓一の物語り論を拡大解釈しているので、野家の物語りとも区別するために〈物語り〉と表記している）。

　まず、耕地を含む農村と住民がカミの居場所として意識する異界とを合わせて「盆地的小宇宙」と規定してフィールドとしてとらえ、そこで風景〈物語り〉が生まれ、かつ、それが聞かれると同時に語り継がれる場であることについて説明した。

　続いて、経済成長や農業政策等によってもたらされる農業・農村におけるフィールドの状態変化が出来事である体験の変化をもたらし、農村住民が語る風景〈物語り〉に差異が生じ、多様化する可能性があることについて議論した。

　最後に、フィールドにおいて世代間で〈物語り〉を語り継ぐ行為を通して、からだで「聞く力」を高めることの重要性について論じた。

　本章で強調したいことは、従来の共通感覚の議論において着目されていた「共同体の感性」に、からだで聞く力を高めることによってえられる「歴史の感性」を加えたものこそが、盆地的小宇宙の共通感覚であり、これを基盤として農村における伝統芸能や食に関わる文化が、からだで聞き・語るという行為を通して風景等の〈物語り〉として継承され、伝統となる、という点である。

1. 持続可能性を感じさせる農村風景や伝統芸能

　筆者は、例えば米や肉のように市場で購入し消費して食欲を満たす農産物の需要や供給の分析を行いながらも、次第に、眺める人々にとってやすらぎを与えるなどの機能を持つ農村風景に関心を持つようになった。農村風景の持つそのような機能は、経済学では市場の内部を通した影響とは異なるという意味で外部効果と呼ばれおり、また、農業の分野では通常の農産物の生産機能以外に加えられる機能である多面的機能の一つとして挙げられている。農村風景と伝統芸能の関連に関心を持つようになったのは、農村の中で長い間継承されてきた神楽、能、歌舞伎等の伝統芸能を観察するため各地を訪問してみて、昔から営々と続けられてきた農作業を通じて現在の形を成すに

第2章 風景の〈物語り〉

至った農地とそこでの生産を基に伝統芸能が成り立っていることに強く引き付けられたからである。別言すれば、農村風景の中で演じられている伝統芸能等は、農地に端的にみられる農村・農業の持続可能性と呼応するものであり、検討してみる必要のある課題であるという問題意識を持つに至った。さらに、農村住民の行為によって成立した農村風景や伝統芸能は、物語り論（詳しくは後述）の視点を取り入れることにより、その歴史的な役割をより明確にできるのではないかと考えるようになったのである。

　農村風景は、農村住民、とりわけ農民が土地に働きかけ、農作物を作るという行為を通して作られるのみならず、長い間の自然的・社会的環境変化に対応して変容しながらも、持続してきたものである。農村住民の生産と生活の営みは、土地に働きかけるからだ（身体）による行為としてさまざまな作業の組み合わせによって成り立っている。このように土地を中心とした農村というフィールドにおける住民による長年の作業体験の積み重ねが、今の農村風景とそれについての物語りを成立させているといえる。しかし、フィールド体験と風景およびその物語り（以下風景物語りと表す）との関連について議論した研究は少ない。

　本章では、農業・農村におけるフィールドの状態が変わると出来事としての新たな体験がもたらされ、農村住民が語る風景物語りに変化が生ずることを論ずる。また、風景物語りの継承において聞くことが重要な役割を果たすことに着目する。そのために中村雄二郎等によって論じられてきた「共通感覚」の概念を、「共通感覚によって、相手が語ることをからだで聞き、からだでわかる」という視点からとらえ直し、特に伝統芸能に焦点をあて、その継承について具体的な事例をも考慮して検討を加え、さらに、からだで「聞く力」を高めることが農村社会の伝統の維持にとって重要であることを議論する。

　以下の議論は次のように進める。第2節では、本章の基本概念である風景〈物語り〉について説明する。第3節では、耕地を含む農村とそこで住民がカミの居場所として意識する異界とを合わせて盆地的小宇宙と規定して、フィールドとしてとらえ、そこで風景〈物語り〉が生まれ、かつ、それが聞かれると同時に語り継がれる場であることについて説明する。第4節では、

第2、3節の理論的考察をもとに、フィールドの状態変化がもたらす風景物語りの変化の具体例について述べる。最後の第5節で、全体をまとめる。

2. 風景〈物語り〉

　本章では、野家啓一の物語り論を援用して風景〈物語り〉という概念をもとに議論を行う[1]。なお、野家は、単なるファクトと見なされる物語（story）と区別して、共同的な言語行為として生み出されるものを物語り（narrative）と表現して区別している。野家の議論を本章の趣旨に合わせて翻訳すると、出来事（体験）を文脈の中に配置し時間系列に並べて（当事者が）共有できることとしての物語りである風景を作るということになる。ただし、本章では、物語りを言葉だけでなくからだ（身体）で聞き、語るという非言語行為を含め広く捉えており、その意味で野家の言語行為による物語り論を拡大解釈している。本章ではこれを拡張版物語り論（extended-version narratology）と呼ぶ。また、言語行為に限定される野家の物語りとも区別するために以下では〈物語り〉と表す。野家の物語り論を支えているのは、大森荘蔵等によって展開された、過去は言語命題として想起されるものであるという想起過去説である（大森、1996）。これは、風景の議論にも適用可能で、例えば農村体験等を通して出来事として身体に記憶されている過去の出来事の想起に基づき、過去と今とをつなぎ、風景は〈物語り〉として作られる。これが本章で論ずる風景〈物語り〉である。そして、同様の体験を持つ個々の農村住民の風景〈物語り〉は互いに語られることによって共通の〈物語り〉となり、彼らの行動を規定する性格を帯びてくるので、これを規範風景〈物語り〉と呼ぶことにする。これは、農村住民の風景に関する出来事の記憶が、再構成され歴史となり、風景〈物語り〉として語られることを意味している。

　ところで、風景を形成することは、作ること（行為）と見ること（直観）という相反することがらを組み合わせた西田幾多郎の造語で、かつ、西田哲学の重要なキーワードである「行為的直観」に相当する。この行為的直観は、身体を通して主体と対象としての風景（客体）との統一を図ることを意味し

ている[2]。湯浅泰雄は、身体には見るものとしての主体性と見られるものとしての客体性という両義性がある、と説明する。これを風景論に適用すると、風景を作ること（行為）は主体としての身体が客体である風景に「能動的に働きかける」（湯浅、1991、p.53）ことであり、身体の主体性を反映している。また、風景を見ること（直観）は、それを「受動的に了解する」（湯浅、1991、p.53）ことであり、身体の客体性に依存している。西田の造語である行為的直観によって「（略）身体が主体的＝客体的な両義性を示すということは、身体と世界空間の中にある事物の間に—「行為」と「直観」という契機を通じて—能動的‐受動的な一種の回路関係が形成されている」（湯浅、1991、p.53）のである。この湯浅の説明により、行為的直観の概念が、主体でもあり客体でもあるという身体そのものの両義的性格に強く依存していることがわかる。このように本章で議論する日常的な農作業による農村風景の創造やそれにともなう風景〈物語り〉の制作は、両義的性格を持つ身体によって担われている。

　さらに、西田幾多郎の行為的直観と〈物語り〉との関連をみておこう[3]。人間と環境の一部である風景との相互作用によって、さまざまな出来事が発生するために〈物語り〉が新たな解釈によって作り替えられることになる。これを可能としているのが身体における出来事の記憶（エピソード記憶）である。このような過程を経ることにより、人間は風景に作られると同時に、風景を作るという西田哲学に依拠した風景やその〈物語り〉の制作の具体的なイメージが与えられる。

　以上の考察より、風景〈物語り〉の特徴とそれに果たす身体の役割を確認できた。

3. 盆地的小宇宙における風景〈物語り〉の伝承

　本章では、農村のみならず異界も含む小宇宙をフィールドと捉えているので、その点について論ずると共に、伝統芸能の継承に着目して農村風景の〈物語り〉の伝承について考察する。最初に、本章において人間とカミとをつなぐ視点について確認することにしたい。

3.1　カミへの視点

　今村仁司が論ずるように、限られた生を生きている有限な存在である人間にとって、無限は語りえないもので、ただ感じとることができるだけである（今村、2007）。換言すれば、人間は、無限を思うことによって、自らの生を自覚する。この無限の典型としてカミを想定しうるが、日常生活の中で生の安らぎ得ている状態の日々の日常生活と異なり、カミと交歓する祭の時には神の経験がある。これについて菅野覚明は、「神さまとは第一義的に、見慣れた日常風景の変容・反転として経験される」（菅野、2006、p.21）と述べている。

　このことを農村風景と関連づけてみよう。農村において、かつて人々は農業における協同作業等を通じて共に農村風景を作っていた。現在は、兼業化が進んで農作業も個別化せざるをえない状況にあり、その個別に土地を利用する農作業を通して農村風景を作っている。農作業を行う人々は、豊凶変動を通して、自分たちの力では律し得ない不可思議なもの存在を意識することになる。ここに図1における農村と異界との間の境目としての庭や舞台が現れる。

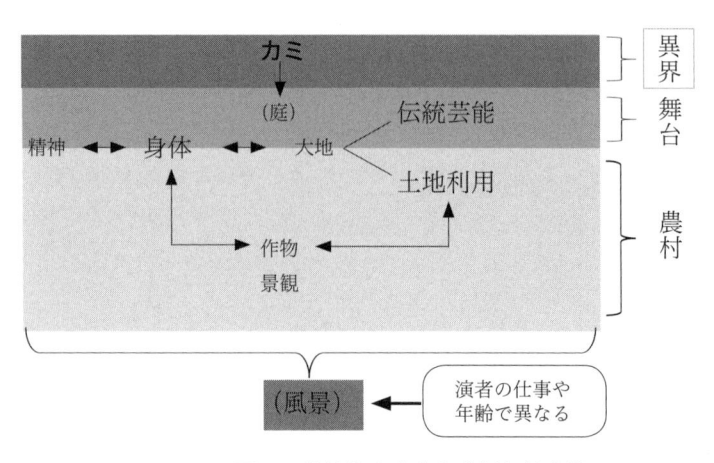

図1　盆地的小宇宙と農村伝統芸能

出所：筆者作成

3.2 盆地的小宇宙と風景〈物語り〉の継承―伝統芸能に着目して

　農村における伝統芸能は、カミに捧げる祭事の一つとして位置づけられてきた。次に、この点について述べる。祭事（神事）と結びついた農村の伝統芸能の演者は、農業等の仕事を営みながら、芸を継承し、仕事の合間に稽古に励みつつ、祭の時などにその芸を披露する。祭でみられる芸能は、元来信仰と密接不可分なものである。この点について小松和彦は、人間が持つ「特別な知識や技能の総称」（小松、1991、p.175）を芸能ととらえ、芸を極めて、その「極致へ至るプロセス」（「道」）（小松、1991、p.175）は、神秘的なものとの感応をもたらすことを指摘している。伝統芸能は、カミにとっては「庭」であり、人間にとっては「舞台」である場所で演じられる[4]。農村の伝統芸能の演者は、カミが宿る場所である舞台で演じ、そこでカミとの交流をはかる。図1で示した伝統芸能が演じられる空間は、異界、舞台、農村を全て含み、完結した世界、つまり「盆地的小宇宙」（小盆地宇宙）とみなすことができる[5]。図1における舞台は、農村とカミの住む異界との双方に接する場所である。本章における盆地的小宇宙は、この概念の提唱者である米山俊直の規定より広くとらえられており、かつ、それをフィールドとみなすことにしたい（特に4.2の記述において）。

　カミは、図1でいえば農村共同体の外にあって、共同体の「規範」を守護するものであり、祭などの際に人間の住む場所にやって来て、人間と交流するものとみなされている。このような意味で、農村の伝統芸能の演者は、いわば盆地的小宇宙における共通感覚に依拠して演じていると考えられる。他方、職業化した演者の場合は、日常的に舞台で演ずる芸の稽古（修行）に勤める。彼らが依拠するのは、（舞台を中心とする）芸道世界の共通感覚である。職業化した演者の世界は、図1に即して単純化していえば、舞台の個所として示される。

　職業化した演者の世界の場合、観客は演者の生活とは一線を画しており、あくまでも演技を見ることを享受する存在である。これに対して農村の伝統芸能の場合、演者も（そこに住む）観客も日常生活を共に営む共同体の構成

員であり、彼らは伝統芸能が行われる祭りの際の神事にも参加し、かつ、演技を見るだけでなく舞台づくりにも参加する（このため在村の観客にとって、演者が変身した役と現実の本人との間のギャップを埋めるのには一種の抵抗感がある）。いずれにしても、農村の伝統芸能は、演者と在村の観客とが協同しておこなう行為であるといえる。この事実と図1を対応させると、農村伝統芸能の演者と在村の観客は単に舞台（風景）を作るだけでなく、農業における協同作業等を通じて共に農村風景やその〈物語り〉をも作っているとみなすことができる。そして、農村の伝統芸能の演者と在村の観客とが共に舞台（風景）や農村風景を作ることは、中村雄二郎が着目するパトス的（受苦的）行為とみなすことができる。このパトス的行為の背景にある「五感を貫き統合する根源的な感覚」（中村、1987、p.279）である共通感覚を通して喚起される伝統芸能をからだで聞き、からだで語る演者は、例えば踊るという芸能行為において創造性を発揮しているといえるし、観客も演者の踊りをからだで受けとめ（聞き）、さらに同調して理解を深めている。また、演者や在村の観客を取り巻く環境の変化によって規範としての〈物語り〉も語り直さなければならなくなる場合、それに応じてからだで聞き、からだで語る伝統芸能も変容して継承されることになる。

　一方、伝統芸能が継承されている場所に他所からやって来る観客も、在村の観客と同様に演者の踊りをからだで受けとめ（聞き）、さらに同調して理解するわけだが、舞台を通しての鑑賞なので、彼らの理解は舞台という場における共通感覚に依拠している。

4. フィールドの状態変化と〈物語り〉

　ここでは、限定されたフィールドである農村における土地利用の状態変化が風景〈物語り〉に与える影響と、本章でフィールドとみなす図1の盆地的小宇宙で起こる状態変化が風景〈物語り〉に及ぼす影響の二つについて論ずる。最初に、前者について述べ、次に後者について述べることにしたい。

4.1 農業政策に対応した土地利用の変化の影響

　農村住民にとって、日常的な農作業を行う場である農地は、種々の要因によってその状態が変化する。自然的な要因を別にすると、米価政策に代表される農業政策などはその主要な要因である。農業政策への対応によって、土地利用や作付け作目構成の再編成がみられ、これらが農村というフィールドの状態変化をももたらすこととなった。フィールド状態の変化に直面する農村住民は、それを体験することで、新たな出来事が積み重なり、彼らの〈物語り〉を変化させ、新たな規範風景〈物語り〉である歴史が語られる。このことを検証するために、水田に関連する作業体験に基づく〈物語り〉に着目して、農村住民の農地維持行動に与える影響について調査を試みた[6]。

　まず、農民のフィールド体験、より具体的には、水田に関連する農作業体験の違いによって、農民が語る農村風景〈物語り〉も異なることに着目し、「フィールド作業体験が違う家族や地区には、異なる規範風景〈物語り〉（＝歴史）があり、住民の農地維持の行動を規定する」という仮説を設定した。

　この仮説を具体的事例に即して検討するため、秋田県旧太田町（広域合併により現在は大仙市）の地域において、1937年から二度にわたる国営事業によって田沢疎水利用の道が開かれ、新規に水田として開墾されることが可能となった地区とそれ以前に開墾され水田利用がなされてきた地区とを調査対象として選定した。後述のように旧太田町の事例は、新規開墾田の地区と旧墾田の地区とを比べると、開墾の有無により水田における労働強度が異なったという事実があり、本節の仮説を議論する対象としてふさわしい。（旧太田町周辺が含まれる）横手盆地の北部に位置する仙北平野は、秋田県内において有数の穀倉地帯であるが、江戸時代に開拓された水田を除くと、水利条件に恵まれない原野が広く存在した。これらの原野も利用した食料増産を目的とする国営事業に伴う開墾により、約2300haの水田が新規に造成されて仙北平野に加わり、秋田県有数の穀倉地帯の一角を形成した[7]。旧太田町においても、1955年の旧村合併の時期から水田の新規開拓が進み、それまで田沢疎水を利用して稲作を行っていた地区に加え、原野を開墾した新たな水田が町の東部に出現した。

旧太田町の場合、1956年から開墾用のブルドーザーが導入されたが、それまでは人力にたよっていて、開墾作業は困難を強いられた。また、開墾後も水田の漏水の被害に見舞われ、水田改修の作業が必要とされた。しかも新規開墾された水田の土壌の地力が低いため、土壌改良にも労力を割かなければならなかった。このように新規開墾田の地区と旧墾田の地区とでは、開墾の有無という点で対照的な農作業体験となる。

　上記の仮説を検証するため、旧太田町の新規開墾田地区の四集落の9名、旧墾田地区の三集落の5名について聞き取り調査を実施した（2007年6月、両地区で聞き取りを行った対象者は他に3名いたが、現在農業を行っていないので分析からは除外した）。聞き取りは、

(a) 農業に初めて従事した頃の身体への負担
(b) これまで農業を実施してきて、最も記憶に残っていることは何か？
(c) 子供の頃（15歳より前）で最も記憶に残っている農業での体験は何か？
(d) 農地の維持

等の内容について行った。

　(a)については、新規開墾田の地区の9名についてみると、「辛かった」と答えたのが6名、「どちらでもない」と答えたのが3名であった。一方、旧墾田の地区に属する5名は全員「辛かった」と答えている。新規開墾田地区では、「どちらでもない」と答えた者がいるが、この地区において辛い作業は皆同じとみなされていたという事情もあり、(a)の回答について、新規開墾田地区と旧墾田地区とで回答が異なると結論づけることはできない。この質問の内容は、一時的な出来事に限定されるもので、規範風景〈物語り〉制作への影響は小さいという結果になっている。

　(b)については、新規開墾田および旧墾田の両地区とも回答が分散していて地区間の差異はなかった。

　(c)を新規開墾田の地区の9名についてみると、2名が農作業を挙げている以外はまちまちの回答である。ただし、71歳以上の2名が開墾を挙げていて、高齢者にとって印象深い出来事として記憶に残っていることがわかる。一方、旧墾田の地区に属する5名は全員農作業に関連することを挙げている。

しかも、5名のうち3名が「結い」を挙げており、厳しい作業の中での協同作業の役割が印象深く記憶に残っているとみられる。

質問に対して新規開墾田地区と旧墾田地区とで回答に特徴的な差異が出たのは（d）の内容である。最初に、新規開墾田の地区の9名についてみると、1名が「荒らすしかない」と答え、7名は「（農業を）続ける」、「荒らしたくない」と答えている。残り1名は、「続けたいが老人介護がある」と困難な事情を訴えている。次に、旧墾田の地区に属する5名のうち2名は「（農業）続ける」、「（他人に）任せたくない」と農地継続の意志を示している。これに対して、残り3名のうち2名は「売ってもよい」、「荒らすこともある」と答え、1名は「わからない」の回答である。

農地の維持に対する意向についての質問（d）に対する解答結果は、仮説を裏付けるものになっている。まず、かつての艱難辛苦と表現される開墾作業体験があった新規開墾田の地区においては、水田の開墾作業体験を核とした風景〈物語り〉が語られてきた。つまり、フィールドにおける開墾作業体験を内容に組み入れた規範風景〈物語り〉（＝歴史）の存在が、多くの農民に農地維持を表明させている。一方、旧墾田の地区では、開墾の必要がなかったために、開墾作業体験を核とした規範風景〈物語り〉がない。この規範風景〈物語り〉の不在が、農地維持に関しては否定的あるいは消極的な意志を表示する者が多いという結果に反映していると考えられる。

以上の検証結果は、農業におけるフィールドでの特定の農作業体験の有無が、それぞれ異なった農村風景〈物語り〉の制作をもたらし、それぞれの〈物語り〉が農地維持管理の行動に対して異なった規範としての役割を果たすことを示している。

4.2　農業・農村の近代化の影響

経済の高度成長によって就業機会が拡大し、農家の労働力が非農業への就業を目的として離村した。他方、農家に残った労働力も、相対的に成長が低い農業所得のみでは、家計費を充足できないので非農業所得による農家所得の拡大を求めるなどの理由により兼業化するようになった。また、農作業に

おける機械の導入・普及は余剰労働を生み出し、兼業化を推し進める要因となった。さらに、兼業化による農家所得の増大は、農業への投資を増やし、農業の機械化を一層促進させることになった。

こうした農業の兼業化と機械化の進展によって、農業労働における個別化が進み、従来のような協同作業が軽減した。この農業労働の個別化現象は、気象変動などに見られる人間の制御が容易に及ばない自然や死者あるいは祖先の記憶と結びついた異界と密接に関連していた従来の農村という地域社会における人間関係を変化させるという意味で、既述のようにフィールドとみなした盆地的小宇宙の状態変化をもたらすものであった。こうしたフィールド状態の変化は、かつてない出来事として新たな体験をもたらし、地域住民の〈物語り〉を変化させる誘因となる。

ところで、祭は、人間が生産や消費を繰り返すケの時である日々の生活とは異なるフィールドの状態変化であり、既述の菅野覚明の表現を用いれば「見慣れた日常風景の変容・反転」がみられる。このように、ハレである祭の時は日常風景が変容・反転し、神の体験をすることになる。

以下では、山形県旧櫛引町（広域合併により現在は鶴岡市）黒川地区で長い歴史を持ち、国の無形民俗文化財に指定され全国的にも知られている黒川能が演じられる王祇祭（2月1、2日に演能）を事例に、長期間この祭が継承されてきた理由について芸能と食に焦点をあてて検討する[8]。

従来、王祇祭の持続要因として次の諸点が指摘されてきた[9]。

①当屋制と合力

祭の当番となる家は当屋といわれるが、費用負担が大変なので、地域の人や親類が金品の助力を行うという合力のしきたりがある。

②宮座と能座において2グループ（上座と下座）を構成し互いに競争

黒川地区では、春日神社の氏子も能の演者も上座と下座の二つのグループに分かれ、互いに競い合う。

③外部との交流　例：真壁仁の貢献

一時期出稼ぎ等により能の技の継承が困難になったが、この時期農民詩人の真壁仁等が雑誌やテレビ等を通して全国に紹介し、当事者たちも担い手と

して自覚する結果となった。

　しかし、農業・農村の近代化にともなって、機械化や兼業化が進展し、かつて行われていた協同作業は見られなくなり、それが祭の運営にも影響を与えている。兼業の深化に伴い、賄いなどの裏方を務める人々の日程調整が大変なので、祭りやその準備作業の日付や日数を変更することは全国的にみられる現象である。王祇祭の場合、重要な食材である豆腐を焼く作業（豆腐焼）を土日の２日間に短縮する措置が取られた（祭りの日程については図２を参照のこと）。また、当屋では能を行うのだが、ふすまを取り払うだけで部屋間の仕切りがなくなる古い家屋と異なり、新築・改築された近年の家屋は壁で仕切られている部屋が多く舞台を設営するだけのスペースを確保できないとか、当屋の役割を遂行するための費用負担が難しい等の理由で、座員としての務めを休むという事態が生ずる[10]。こうしたことは、先に述べた盆地的小宇宙における共通感覚の同一性を保つことができないという問題を引き起こし、ひいては「カミ」信心が多様化するという結果をもたらす。これは同時に、農村住民が〈物語り〉を共有すること（規範風景〈物語り〉の成立）が困難となることを意味する。このような事態を打開するため、農村地域の活性化を図るという目的で、伝統芸能において「みせるため」の芸能ということが追及されるようになってきている（伝統芸能の商品化・観光化）。また、政策的対応として、無形民俗文化財の指定や総合学習等による後継者の関心の醸成を促すための教育が全国各地で行われている。

　本章の拡張版物語り論に基づいた考察と関連させて、王祇祭の持続要因として、従来指摘されてきた既述の①〜③に付け加えるとすれば、④神事の強調、⑤パトス的（受苦的）行為の積み重ね、⑥〈物語り〉の共有が重要である。以下これらについて説明する。

④神事の強調

　（ⅰ）神人共食

　２月１日には、本章の扉の写真に示したように当屋に神の依代である王祇様が迎え入れられ、準備が整うと座員の点呼（座狩）の後に、御膳が据えられ食事が振舞われる。この時座員は裃姿で参加する。また、座員の前に据え

12月15日	霜月祭（六所神社、神官のみ）	2月2日	〈上座〉
1月3日	興行（公演の演目決め）		王祇出発（上座当屋→榊屋敷）
1月17日	十七夜祭		七度半の使い下座へ
1月 中旬	豆腐焼		〈春日神社〉
1月29日	掛餅つき		朝尋常
	注連掛（降神祭）		脇能
1月30日	柴燈の式（酒くらべ）		大地踏み
1月31日	当屋使い		式三番
2月1日	〈上座〉		棚上がり尋常
	降神		餅切り
	衣着せ		布剥ぎ
	座狩	2月3日	山方礼
	当乞い・座入り	2月4日	注連下し
	振舞い		
	舞台作り		
	大地踏み		
	式三番		
	脇能		
	暁の使い到着・中入		
	能四番・狂言四番		

図2　王祇祭のスケジュール

注：主要な行事を上座中心に記述

られた御膳の料理の盛り付けは、かつての領主であった武藤家の文様を反映したものである。これらの様子は「日常風景の変容・反転」（菅野覚明）を感じさせ、参加者は神事的性格を意識することになる。カミと一緒に住民が食事をすることは、カミと人との交流を想起して神事の持続に意義を見出すことに対する住民の意思の反映でもある。この祭の行事食では伝統を守ろうとしているが、そのための食材確保は地区内だけでは難しいので、近隣の旧市町村にまで供給先を求めているのが現状である[11]。

　（ⅱ）能を始めるときの（「カミ」に対する）礼

　食事の振舞いの後には、当屋の座敷に能舞台が設営され、夕方から早朝にかけて演舞が行われる（2日目は上座、下座の座員が春日神社に集合して実施される）。黒川能では、能の開始時に役者は一礼をするが、これはカミに対するあいさつとして行われる。

　これらに限らず王祇祭で行われる芸能や食における所作や作法は事細かに決まっており、儀礼とみなされるものである。王祇祭の全般を取り仕切る人

は「世帯持ち」といわれ、現在は男女それぞれ 2 名からなる。

⑤パトス的（受苦的）行為の積み重ね

代々役者を継承する家、楽器の奏者を継承する家、といった形で、家ごとにそれぞれ継承すべき役割が決められ、その役割を祖先より受け継ぎ全うすることが、黒川地区の能座の帰属にとって不可欠である。このためつらい稽古を経て芸を体得して祭で披露する時は、「芸の厳しさ」を体験した役者にとって晴れがましく、充実感が得られる瞬間である。

直接能の演舞に係らない家でも、祭の準備を含め、祭のときの食事の賄いといった裏方としての役割を担うことになっている。また、神事であるため祭りの主役にはなれないといわれている女性達は、世帯持ちの指示で賄い等の裏方としての役割を務める。

祭の準備や実行のためには、細々としたさまざまな作業をひっきりなしに行わなければならない。とりわけ当屋の家族員が行う作業は煩瑣を極める。そのような状況にありながら、2008 年の下座の当屋の長男は、祭の「準備が大変ですね」とあいさつされると、「毎日もしぇ（面白い）」と答えていた。彼にとって祭の準備作業は「しぇづねぇ（つらい）」（筆者による補足）ものであるにもかかわらず、多種多様な仕事を黙々とこなしていた。

こうした作業は祭のたびに繰り返されるので、回を重ねるごとに祭の遂行に必要な作業の技能が地区住民に身につくものと考えられる。また、祭の準備のためのつらい作業をこなすこと、つまり、パトス的（受苦的）行為の積み重ねが、祭のときの達成感となって結実する。このようなからだ（身体）によって担われる儀礼が、地域住民のアイデンティティを想起させる役割を果たしている。

⑥〈物語り〉の共有

すでに述べたように、祭では細々とした作業が連続し、多くの住民がそれに参加するので、体験（＝出来事）の共有がなされる。また、（手伝いも含め）子供のときから参加していることは、祭の経験の伝承を促しやすい。伝承に関しては、親の〈物語り〉を聞き、語り継ぐことも重要である。黒川地区に多い三世代家族の存在は、これを可能としている。

農村の近代化にともなう祭に関する状況変化（例えば行事日程の変更）は出来事の変化をもたらすので、〈物語り〉もまた変化する。変化した〈物語り〉が住民に共有されると、つまり規範化すると、住民の行動もそれに規定され、変化が促される。ここに地区の祭に関する新たな「伝統」が成立し、伝承されていくことになる。

5. 風景〈物語り〉の継承における聞く力の役割

　本章では、拡張版物語り論の方法に依り経済成長や農業政策等によってもたらされる農業・農村におけるフィールドの状態変化が出来事である体験の変化をもたらし、農村住民が語る風景〈物語り〉に差異が生じ、多様化する可能性があることについて議論した。最後に、これまでの議論をもとに風景〈物語り〉の継承における〈物語り〉をからだで聞く力の果たす役割について再確認することにしたい。

　農業・農村におけるフィールドの状態変化による農村風景〈物語り〉の多様化は、祭で演じられ芸能に見られるように伝統の継承を困難なものにしている。農村社会における風景〈物語り〉の継承のためには、〈物語り〉をからだで語ることだけでなく、もっとからだで聞くことの重要性に着目する必要があると考えられる。なぜならば、〈物語り〉を時々の状況に応じて語り継いでいくためには、まず、〈物語り〉をからだで聞くことが前提となるからである。ここに〈物語り〉を聞くことの力（聞く力）の役割が現れる。大橋良介は、この聞く力を高めることによってえられるものを「歴史の感性」であると論じている（大橋、2005）。からだで聞く力を身につけることにより、互いの〈物語り〉をよく聞くようになり、状況の変化に応じて修正を迫られて、からだで語る〈物語り〉についての新たな意義が与えられ、それが〈物語り〉の形成を通した合意形成等も容易にするという可能性が出てくるといえる。〈物語り〉を聞く力が高まることはそこで暮らす地域に対する地域住民のアイデンティティの意識の強化をも意味しており、何かと否定的な面だけが指摘される農村社会の維持に関してその解決を見出す糸口も発見しやす

くなることが期待される。

　本章で強調したいことは、従来の共通感覚の議論において着目されていた「共同体の感性」に、「歴史の感性」[12]を加えたものこそが、農村社会におけるフィールドとして捉えられる盆地的小宇宙の共通感覚であり、これを基盤として農村の祭における芸能や食に関わる儀礼的文化が、からだで聞き・語るという行為を通して風景等の〈物語り〉として継承（記憶）され、伝統となる、という点である。

注

1　野家啓一の物語り論については、文庫版の著書（野家、2005）等を参照のこと（同著は、そのあとがきで、初版に対する主要な批判への応答を記した増補新版である）。

2　西田幾多郎の議論ついては上田閑照の編著（上田編、2000）を参照のこと。

3　このパラグラフの議論の詳細は拙論（長谷部、2005）を参照のこと。

4　網野善彦は、庭のもともとの意味と（広義の）芸能の関係について次のように説明している。「元来広い場所、つまり広場であり、狩猟・漁撈・脱穀・調整のような農作業、さらに騎馬・合戦・夜討が行われ、特に神事・仏事それに獅子舞・蹴鞠（けまり）・相撲をはじめ、商業・交易など広義の「芸能」の営まれる舞台であった（略）」（網野、1994、p.303）

5　「盆地的小宇宙」の概念については提唱者である米山俊直の議論（米山、2003）を参照のこと。多様な性格を持つ「盆地的小宇宙」をフィールドとして捉えることは、旅のフィールド研究という興味深い内容を論じた佐々木能章の論考（第10章）で、多角的思考を重視していることに通じるものがある。

6　この調査結果についてはJSKE大会企画セッション「フィールドと感性」の第1回及びKEER2008（札幌）で報告し、共著論文（Hasebe et al., 2008）として発表した。以下の記述はその論文によっている。

7　旧太田町の農業基盤整備事業については旧太田町の町史を参照した（太田町史編さん委員会・大仙市教育委員会編、2007、pp.810-824）。

8　以下の王祇祭における芸能と食の継承に関する説明は、拙論（長谷部、2009）によっている。

9　従来指摘されてきた王祇祭の持続要因の記述には、2006年度東北大学農学部生物生産科学科資源環境経済学系卒業論文発表会における野口勇人君の発表資料の一部を利用した。

10　最近は、当屋で能舞台を設営できない場合、公民館等で能を行う体制をとって

11 遠藤文子は 2008 年度山形大学大学院農学研究科（再チャレンジ支援社会人特別選抜）に提出した修士論文で、王祇祭の食と講事の食との比較を行い、より地域に限定されるとみなされている講事の食が（仕出しを利用する等）日常的で、かつ、全国的に共通した性格を持つのに対し、王祇祭の食は地域の食材を活用する等地域に根差した性格を維持していることを明らかにしている。

12 千代章一郎は、第3章のまとめにおいて、都市というフィールドにおける「歴史的環境」についての子どもの感性に着目している。千代論文と本章とでは、都市と農村というように対象とするフィールドが異なっているが、共に身体に刻み込まれた「歴史の感性」の重要性に着目する結果になっていることは興味深い。

参考文献

網野善彦、1994（初版 1990）、『日本論の視座―列島の社会と国家』小学館ライブラリー。
長谷部正、2005「風景「物語り」を語ることの意義」『感性哲学 5』、pp.79-94。
―――、2009「農村の祭における芸能と食の伝承―拡張版物語り論の適用可能性―」『2009 年度日本農業経済学会論文集』、日本農業経済学会、pp. 346-353。
Hasebe., T., M. Ohmura and H. Bannai, 2008, "Rural Scenery Narrative and Field Experiences," *The Tohoku Journal of Agricultural Research*, Vol.58, No.3-4, pp.99-112.
今村仁司、2007、『社会性の哲学』岩波書店。
菅野覚明、2006、『神道の逆襲』講談社現代新書。
小松和彦、1991（初版 1986）、『新編・鬼の玉手箱―外部性の民俗学』福武文庫。
中村雄二郎、1987、『共通感覚論』岩波現代選書。
野家啓一、2005、（初版 1996）『物語の哲学』岩波現代文庫。
大橋良介、2005、『聞くこととしての歴史』名古屋大学出版会。
大森荘蔵、1996、『時は流れず』青土社。
太田町史編さん委員会・大仙市教育委員会編、2007、『太田町史　通史編』大仙市。
上田閑照編、2000、『西田幾多郎哲学論集 I、II』岩波文庫。
米山俊直、2003、「【講義】地域づくりの応用問題―日本のむらの見方、聞き方、語り方」（古川彰・松田素二『観光と環境の社会学　シリーズ環境社会学 4』新曜社）、pp. 259-277。
湯浅泰雄、1991、『身体論―東洋的心身論と現代』講談社学術文庫。

第 3 章

都市をめぐるこどもの歴史的感性

千代章一郎

こどもが撮影した現代都市の典型的景観

工事現場は都市の時間を最も端的に表現している。フローの流れが加速し続ける現代社会の中で、こどもたちは何を感じているのだろうか。

本章の概要

　往々にして大人は感性豊かな「こども」を神話化する。ところが現実のこどもたちは、教育という制度の空間のなかで非常に概念的な振る舞いを見せる。そこで、広島市の小学校児童と教室の外に出て、環境地図制作（「ひろしまエコピースマップ」）のためのフィールドワークを実施し、都市というフィールドにおけるこどもの感性の表出とその生成の様態を考察する。こどもの感性はまず身体的な能力に依存して、衛生や安全性に対して敏感な反応を示す。しかしながら、フィールドワークを重ねるに連れて、こどもは都市空間の自然的環境や人工的環境に歴史的な時間を見出していく。都市環境における時間は、人工的であるか自然的であるか、公的であるか私的であるかにかかわらず、今に生きられる環境に発見される。それは時間を内包する環境との「交感」なのである。

1. 環境を評価する

1.1　環境地図の制作

　筆者は7年間に渡り、未来の平和環境を考えるための環境地図制作「ひろしまエコピースマップ（Hiroshima Eco Peace Map）」を広島大学附属小学校児童と共に総合的な学習の時間を利用して継続的に実践してきた。担任教諭との共同であり、基本的には持ち上がりの同じ児童たちと活動を続けている（EP1～EP7、表1）。その過程で筆者は、児童の発達過程の一般的傾向、その男女差、仲間関係の変容、そして何よりも児童各々の個性的な成長を現場で体感してきた。

　広島市では、平和学習・教育が盛んであることは言うまでもないが、しかしそのために、かえって児童は思考停止に陥りやすい。「平和」概念の創造的な展開には、教育によってもたらされる既成概念の厚く固い壁がある。広島という場所は、歴史の教訓としての被爆都市「ヒロシマ」であるが故に、戦争を乗り越えるための国際理解が平和学習・教育の根本的な主題であり、それ以上の拡がりをつくり出すことは想像以上に難しい[1]。

　そこで筆者は、敢えて戦争という人間の暴力性の問題を前面に出さずに、

「生き延びる場所のあること」を「平和」のコンセプトとして設定している。すなわち、「エコピース」とは地域的・地球的・歴史的・未来的な平和のことであり、生態系の空間的連続性と歴史の時間的持続性を保証するコンセプトである[2]。「エコピース」のコンセプトは「平和」の既成概念を再構築するための一つの試論であり、その有効性はコンセプトの実践によって継続的に検証していく他ない。逆に言えば、実践がコンセプトの再考を促してきたともいえ、不断の反省が不可欠である。

小学校教育においても、総合的な学習の時間を活用した地域の地図制作が一般化している。しかし、それは児童にとって「学習」による知識習得を越えるリアリティを持っているであろうか。そうした問題意識から、学力を越えた生きる力が主題化されようとしている（リンチ、1980：木下、1996：寺本、2001）。一方、「ひろしまエコピースマップ」の環境地図の制作は、いわゆる地域資源発見マップや通学路安全マップとは異なり、予め用意された正解や目標値はない。むしろ、個人的で素直な好き嫌い（快・不快）を前提にして環境を評価することによって、環境に対する評価の多様性を相互理解していくことが目的である[3]。

方法論としては、基本的に自宅や学校を離れた都市環境を「エコピース」の観点から○×で評価し、その評価内容を「アイコン（絵文字）」によって表現する。児童にとって馴染みのある場所もあればそうでない場所もあるが、本章ではとくに、都市（広島市の旧市街地）というフィールドにおける児童の都市環境評価における感性に関わる問題群を抽出、考察する。それは、こどもの感性を通して、都市というフィールドそのものを照射することに他ならない[4]。

1.2 フィールドにおける身体とその成長

都市環境を評価する以前の問題として、こどもはそこで何を見ているのか。大人と比べて、身体能力の限界が都市での行為を左右する。個々の空間領域が関連づけられ、相互的に空間が理解されるようになるには、空間認知能力の発達だけではなく、行動範囲の拡がりに伴う身体の発育が基盤となってい

ることは自明であろう。

　そうであるならば、大人とは異なるその身体能力だけではなく、日々身体的特徴が変化していくことによって、こどもの都市への関わりが変わっていくことも看過できない。すなわち、環境における空間認知の構造と同時に、その構造生成のプロセスに、身体の成長を反映するこどもの感性の変化の問題が潜んでいる。

　その上、現代の児童による環境評価は、レヴィン（1956）の空間認知の発達過程のように予定調和的ではなく、社会的な要因がより直接的に作用しているように思われる。たとえば、保護者は交通の危険なところよりも、むしろ人気の無さ、暗がりに注意を払い、監視の目が行き届いていることを期待する。かつての「アジトスペース」「アナーキースペース」（仙田、2009）は都市空間から駆逐されていく一方、こどもたち自身も塾や習い事、自宅などに濃密な空間を意味づけて、「遊び」の意味が「球技」「テレビゲーム」「テレビ・漫画・DVD」など特定の機能に限定されて、「遊び」におけるコミュニケーションは平板化してきている。

　さらに、都心にある広島大学附属小学校の児童は、校区指定がなく、ほとんどの児童は路面電車やバスによって通学し、一軒家よりも高層マンションの居住が大半である。入学試験に合格した附属小学校の児童は、学年にかかわらず教育意識の高い親の元で早くから勉学意識が高く、教育実習などの教育研究との関わりも深い。学習塾や習い事、スポーツクラブ等にも通い、自由時間は比較的少ない。学級内部での多様性に乏しく、平準化された学校環境で学び、体力の低下が著しい。

　しかし、このような児童の生活環境は附属小学校に限られたことではない。モータリゼーション、居住空間の高層化、少子化、管理教育、ITメディアの発達による児童の生活環境の変化が指摘されているように[5]、附属小学校の特殊性は、いわば現代日本における児童の生活環境の縮図でもある。

1.3　フィールドワークという方法（表1）（図1）

　「フィールドワーク」は実験室での空間認知実験や環境行動観察とは根本

的に異なる（佐藤、1992）。フィールドワークには環境を受動的に感知するだけではなく、環境への能動的働きかけの契機が含まれるからである[6]。

　都市広島での児童のフィールドワークでは、白地図のフィールドワークマップを用いて環境の○と×、および△を評価する。環境の○とはすなわち「エコピースな環境」であり、環境の×はその逆である。環境の△は○×を選択できないもので、○×の評価が共存するものや、どちらとも断定し難いが、「エコピースな環境」に関連すると感じられるものに対する評価としている。

　実際のフィールドワークの現場では、即興的な評価が下されることがしばしばである。一面では、即時的評価という意味で、感性的な評価ということもできるが（佐々木、2004）、別の側面から見れば、環境の○＝自然環境の豊かさ、環境の×＝交通の危険、廃棄物という短絡的な図式を乗り越えることができない。フィールドワーク調査の目的の周知方法については十分な戦略と配慮が必要であり、その周知方法によって調査結果は大きく異なる。筆者は「エコピース」という幾分抽象的な概念を過度に補足説明せず、自分が感じたことをできるだけ表現してみるように常々語りかけるようにしている。

　フィールドワークは、原則として午前中の２日間、路面電車沿線をその範囲としている。広島市の旧市街地に敷設された路面電車は大正年間から基本的な系統は変わらず、広島市の変貌を理解する上では重要なルートである。校区指定のない附属小学校児童の多くは、路面電車やバスの公共交通機関を利用して通学しているため、全く未知ではないが、しかし日常意識することの少ない場所も多く、路面電車に乗って都市スケールを体感した後に、興味のある場所に降りて、歩いてみて、フィールドワークを続けることになる。

　フィールドワークは、良くも悪くも非日常的な祝祭的な気分にさせる。たとえ総合的な学習の時間という教育プログラムの枠組みであっても、そこは日常生活では潜在している児童の感性が解放される場である。つまり、机上での学習とは異なり、フィールドワークにおいては、身体感覚に根差した評価がダイナミックに作用する[7]。したがって、フィールドワークマップの記述のみならず、友人同士の会話、行動などにも十分に注意を払う必要がある。

　そして、事前に６人単位のグループを児童の自由意志で決定させて、児童

表1　活動リスト

EP	日程（FW：午前）	担任教諭・参加児童	内容（FW）
1	2003/2/17	關浩和 4年生児童（40名）	2003.02.17 午前 調査範囲 広島電鉄2号線（広島駅〜西広島駅） 調査道具 フィールドワーク・マップ 鉛筆 デジタルカメラ
2	2003.06.30 +07.02	關浩和 5年生児童（40名） （前回参加者19名）	2003.06.30 午前 1日目：乗ってみる 2003.07.02 午前 2日目：降りてみる 調査範囲 広島電鉄3号線（紙屋町東駅〜広島港駅） 調査道具 フィールドワーク・マップ 鉛筆 デジタルカメラ
3	2004.06.28 +06.30	關浩和 6年生児童（39名） （前回参加者19名）	2004.06.28 午前 1日目：乗ってみる 2004.06.30 午前 2日目：降りてみる 調査範囲 広島電鉄2号線（広島駅〜西広島駅） 調査道具 フィールドワーク・マップ 鉛筆 デジタルカメラ
4	2005.11.21+11.22	關浩和 3年生児童37名 保護者12名	2005.11.21 午前 1日目　自然的環境の○× 2005.11.22 午前 2日目　人工的環境の○× 調査範囲 附属小学校周辺（半径500m） 調査道具 フィールドワーク・マップ 鉛筆 デジタルカメラ
5	2006.06.28 +07.03	岡本典久 4年生児童38名 保護者13名 （前回参加者19名）	2006.06.28 午前 1日目　環境の○ 2006.07.03 午前 2日目　環境の× 調査範囲 附属小学校周辺（半径500m） 調査道具 フィールドワーク・マップ 鉛筆 デジタルカメラ
6	2007.11.27 +11.28	岡本典久 5年生児童38名 （前々回参加者18名） （前回参加者19名） （転校生1名） 保護者8名	2007.11.27 午前 1日目　山環境の○× 　　　　（水環境の○×） 2007.11.28 午前 2日目　水環境の○× 　　　　（山環境の○×） 調査範囲 広島電鉄全線 調査道具 フィールドワーク・マップ 鉛筆
7	2008.06.26 +07.09 +07.10 +07.11	岡本典久 6年生児童39名 （前回参加者38名） （転校生1名） 保護者9名	（FWの未実施：2008年）

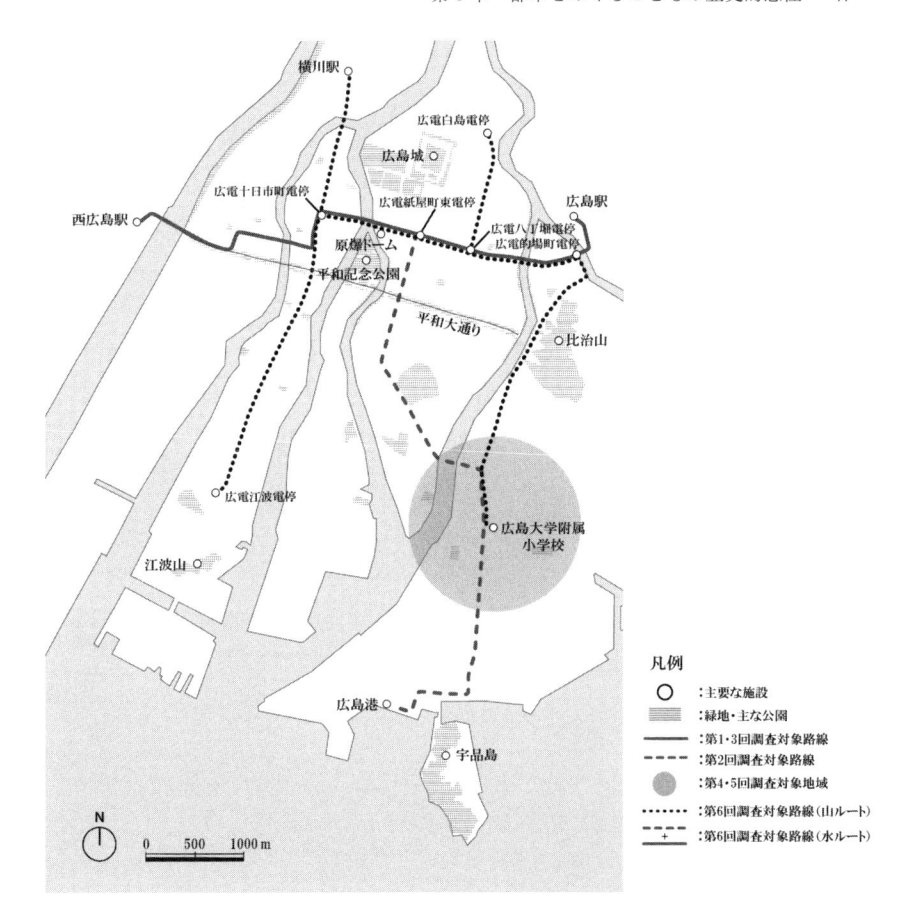

図1　フィールドワークの調査範囲

2名につき大学生のサポーター1名が担当し、フィールドワーク時の身元確認と安全確保を行うことを最優先し、写真・ビデオによる記録を採取する。サポーターは注意散漫な児童に関心を向けさせる発言をすることもあるが、あくまで児童の主体的な活動を支えることを原則として、環境評価に影響を与えるような助言は行わないことにしている。

しかしながら、児童にとってサポーターはいわば教師であり（「先生」と呼ばれている）、サポーターの発言を鵜呑みにする場面が多い。調査対象が都市空間である限り、最低限のマナーを守らせることは当然であるが、たとえば

老朽化した一般住居を「汚い」などと評価する児童に何らかの教育的な示唆を与えることもサポーターの技術として必要であるという議論もある。しかし、サポーターそのものの素養も多様であり、マニュアル化したサポート技術には限界があるため、比較的自由に助言を与えることを是としている。但し、必ず一人称で話しかけることが原則である。つまり、サポーターとして「環境 X とはこうである」と言うのではなく、「私は環境 X についてこう思う」と語りかけることで、児童自身の自発的な思考を促すように試みている[8]。

一方グループ内においても、小学校中学年以上では女子の指導力が大きく作用し、女子の意見が男子の調査や評価内容に影響している。また男女にかかわらず、友人関係の力学がフィールドワークの行動に影響を及ぼすことも多い。このように、様々な場面で、フィールドワークの自由を制限するものが避けがたくあることも、今後検証されなければならない。

2. 身体の延長としての都市空間

2.1 衛　生

フィールドワークによる都市環境評価においては、身体能力のなかでもとくに、こどもの身長の低さが行為に伴う評価内容に影響を与えている。小学校高学年でさえも、成人と比較すると遠景への眼差しに乏しく、近視眼的な景観が児童の眼に映っている。ある程度の教育によって改善することも可能であろうが、遠景への配慮を促しても、実際に俊の環境調査において児童が見ているのは、地面である。たとえ、背後に山並みを望む見通しのよい街路であっても、児童が都市空間の拡がりを感じることは少ない。眼に映るものは局所的断片的な空間でしかなく、都市の全体像を把握することができない。

視線の低さに関わって、児童が都市の環境調査において見ているものの中で、何よりも最初に評価の対象となるのは、公園や道路の地面に落ちている廃棄物である（リンチ、1994）（**表2、図2**）。ゴミ箱の設置問題、河川への不法投棄、建築物の汚れ、自動車の騒音・排気ガス汚染等々が多岐に渡って常に指摘されている。こどもにとって、都市というフィールドは、身体が衛

表2　廃棄物に関するフィールドワーク記述例

EP	学年	性別	場所／記述	図
6	5年	女子	広島駅付近／×ゴミたくさん　×らくがき	

図2　廃棄物

生的であるのと同様に、家の中も都市も遍く衛生的でなければならない。これは戦後復興によって整備された近代都市計画の功罪でもあろう。

　身体の延長として捉えられた都市の衛生環境の問題については、したがって、児童にとって手段が問題なのではない。ゴミ削減のためには何よりも「ゴミを出さない（捨てない）人間」であることが肝要である。あるいは逆に、注意を喚起することも放棄して、人間の手を借りずにロボットによってゴミ清掃させようとする。人間の生活自体が環境汚染の要因であることや、公共性に対する認識には乏しい。小学校4年生時のフィールドワーク（EP5）の後の児童（女子）は、端的に次のように述べている。

　児童（女子）：「これ市が管理したらいいのに」

このように、自らの生活環境そのものに起因する問題として考えられないところが、衛生に関する問題の特徴である（高橋、2007）。確かに、学校の中では、児童は運動場で砂や泥にまみれて遊んでいるが、それもまた管理が行き届いた校庭の中に限られている。非衛生的で不健康な環境は、自然的であれ人工的であれ、児童の身近な日常生活環境には存在しないに等しい。

2.2 安全性

地面を見ているということは、ゴミだけではなく、触覚に関わって、安全性に対する過敏な反応と評価を促す。凸凹した舗装は高齢者にとって危険であると判断される。道幅の狭さは通行に危険である（**表3**）

たとえば、小学校4年生のフィールドワーク（EP5）では、児童の間で次のような会話が交わされている。

児童1（男子）：「道が狭すぎるよ。車1台で通れない！ここ危ないね。」
児童2（男子）：「車椅子通れない。」
児童3（男子）：「ここ一番×だよ！」
（タクシーが通る）
児童1（男子）：「あっぶねー。」

表3　道路に関するフィールドワーク記述例

EP	学年	性別	場所／記述	図
4	3	女子	附属小学校付近／ ×道が細い ×車が多い ○ガードレール	

このように、安全面という観点から児童は道路の狭さに過敏に反応し、ものに対する身体の接触の度合いを基準としている。そのような視点が成長の過程によって失われることはない。高学年になると、高齢者や障害者など（自分も含めて）特定の人の安全性ではなく、都市居住者全般の安全性の問題へと敷衍されていく。

一方で、囲い込まれた環境で生活している児童は、通学時に不審者対策として警笛を所持させられているにもかかわらず、防犯の意識に乏しい（吉原、2007）。「ほっとする」「落ち着く」場所もまた前提として衛生的で、環境管理が行き届いた安全な環境でなければならない。児童にとっての公園はその典型である（**表4、図3**）。

しかしまた一方で、露地的な空間への高い関心も失われていない（水月、

表4　公園に関するフィールドワーク記述例

EP	学年	性別	場所／記述	図
4	3	女子	附属小学校裏側の公園／○公園、子どもにやさしいばしょ○自ぜんのくだものがあった	

図3　公　園

表5　路地空間に関するフィールドワーク記述例

EP	学年	性別	場所／記述	図
4	3	男子	附属小学校付近／ ○ぬけみち ○？	

図4　路地空間

2006)（**表5、図4**）。それは日常生活において見慣れない場所への好奇心であり、「遊び」の冒険心であろう。こどもは安全な場所のみを必要としているのではないことは、現代の都市環境においても明らかである。

3. 都市空間の自然性への感性

　児童にとって意味のある空間は、一般の民家であれ、公園であれ、市場であれ、そこに自然的な環境が発見される点も特徴的である。児童の撮影する写真の対象も公的私的の区別はない。海や川の自然環境の豊かな広島市の地理的な特徴が、そこに反映されているのかも知れない。

　小学校4年生時（EP1）のフィールドワーク（十日市町付近）では、男子の

間で次のような会話がなされている。

児童1（男子）：「あの木を撮って、狙いで。」
児童2（男子）：「撮った？ OK？」
児童1（男子）：「撮ったぞ。……何の音、今の？まぁいいや。えーっと、今どこかな？原爆ドーム過ぎて。……木はそこら辺にいっぱいある。……違った、○じゃないや、×だ。」
児童2（男子）：「なんで木が×なんだよー？」
児童1（男子）：「いいじゃん。お前には関係ねー。×。あれっ、あっ、これでこっちに書くん。えーっと、木が枯れていて、葉がないもん。」
児童2（男子）：「もっと具体的に。木が汚かったとか。」
児童1（男子）：「じゃあ、木が汚かったというか、木が汚いか。木が汚くてかわいそうだった。」

　公園の緑やそこに生息する虫や草花への注視は、単に図鑑で見たものを生で確認することができるからではない。各々の生き物の個性的な相貌が捉えられている。「かわいそう」な木はフィールドワークで出会ったまさにその木のことであり、枯れているすべて木がそうなのではない。それはまた、住宅地の生垣や園芸、植木鉢などについても同様であり、一つ一つのミクロな自然的環境に個別の意味が見出されている（図5）。
　そのような比較的小スケールの自然環境だけではなく、一方では巨木や古木などにもその大きさゆえに関心が持たれる（図6）。高学年になるに連れ、それは「歴史のある」樹木という評価がなされ、自然環境の中にその自然性のみならず歴史性も見出されていく。後日アンケートで、ある男子児童は次のように回答している（EP2）。

児童（男子）：「そこは、植木や植物です。社会人チームの人の自然はすごく注目していてよかったです。他のグループを見ていたら、みどりが多い所があり、りっぱな木も多かったのでよかったです。広島のみどりは

図5　小スケールの自然環境

図6　巨　木

広島の歴史だと思いました。わけは、広島にはりっぱな木が多いからです。」

　この回答は、一見すると、被爆樹木の持つ歴史的意義を概念的に知識として把握できることになったことを意味している。広島市には被爆樹木が散在し、それらの幾つかはよく知られているので、第二次世界大戦との時間的繋がりは比較的容易に理解できる。実際、他のグループにおいても、児童たちは被爆樹木の存在を指摘し、それを広島固有の歴史的環境として、道徳的には理解している。
　しかしこの児童は、単に公園の被爆樹木が「古い」というだけではなく、無名の「りっぱな木」に樹木の生命の履歴を捉えている。無論、「りっぱな木」

が広島市だけに存在するわけではないが、フィールドワークにおける児童たちの行動を観察していると、樹木の形態と同時に、古い樹木の肌触りやそこに寄生する茸類や虫にも強い関心を示していることが分かる。それは「被爆」しているかどうかという事実の問題ではなく、植樹されて日の浅い若木には見られない時間の営みが見出されているのである。それは理科学習のような科学的観察行為とは異なる眼差しであろう。つまり、自然の歴史とは、人間とは異なる生き物の営みの時間を感じることなのである。「生きている」ということと、それが固有の時間を積み重ねていくということが、児童においては弁別されずに分かちがたく結び付いている。

4. 都市空間の人工性への感性

4.1 現代建築物

小学校中学年で初めて体験するフィールドワークでは、児童の都市環境評価に次のような図式が存在する。すなわち、

環境の良いところ（環境の○）：新しい、きれい、広い
環境の悪いところ（環境の×）：古い、きたない、狭い

当時4年生の児童にとって初めてのフィールドワークであったが（EP1）、それ故にこどもの素直な評価構造が表れているとも言える。図式的に言えば、東方面（広島駅・本通り）よりも西方面（西広島駅）の方が比較的近年に開発が進んだ地域である。実際、ワークショップ後の小学校の総合的な学習の授業において、この図式が如何に堅固なものであるかは、以下の担当教諭（關浩和教諭）と児童たちとのコミュニケーションでも明らかである。

担当教諭：「西広島駅の方はきれい、広島駅の方は汚いとか言って、君たちの班もよく言うんだけど、これなんでやと思う？　理由は？　それはどうして？　それ、答えてください。お前らなりに。広島駅の方はレッ

ド［環境の悪いところ］が多い訳やろ？　西広島駅の方の近くはグリーン［環境の良いところ］が多い訳やろ？　それなんで？なんでやと思う？」

児童1（男子）：「広島駅の方がなんか、そういう店とかが多いし、本通りとかであの辺が店が集まっているところだから、そこでゴミが出たり、えっと、その店に行くのに自転車を止める人たち、違法駐車とか駐車とかする人がいるから。西広島駅の方は店が無いって訳じゃないけど、そんなに本通りの方みたいに店がたくさん並んでいるとか、そういうのはない。」

担当教諭：「どっちの方が良いん？　まちとしては。西広島駅の方が良いん？　せやけど広島駅の方が便利やん。本通りの方が便利。」

児童1（男子）：「……西広島駅。」

　問われた児童は、都市の活力に眼を向けさせようとする担当教諭の意図をおそらく理解しているが、それでもなお、実際にフィールドワークを行った自らの体験に照らし合わせて、西広島の方が「新しい」まちのイメージとして良いと感じている。

　有名無名にかかわらず、都市には歴史的な建造物が存在し、空間の現代性と伝統性が共存している。児童にとって、都市の歴史的建造物は「古く」危険なものであり、「新しく」もなければ衛生的でもない。逆に、「新しい」現代建築はファサードの目新しさが「きれい」として肯定的に評価される（**図7**）。

図7　現代建築

歴史的な環境には固有の賑わいがあり、往々にして猥雑である。しかしそこは、児童にとって汚く危険な場所である。高学年になって歴史的環境の価値を認識できるようになっても、大型ショッピングモールやコンビニエンスストアの「新しく」て衛生的な環境は常によい評価となる。

4.2 工事現場

一方、工事現場は歴史的な時間の断絶と再生を同時に体現している環境である（図8）。しかし児童にとって、そこは何よりも第一に危険であり、そこがどのような場所であり、どのような場所となっていくのかという想像力は働かない。都市（あるいは生活環境）が常に生成変化する場所であり、そこに住み着いて自らも成長しているという感覚には乏しい。おそらくそれは、最も現代的なこども環境の問題でもある。居住環境を改修してうまく住み続けるという感覚が、現代では失われている。マンションは汚してはならないのである[9]。

児童の撮影した写真では、都市に立ち上がる高層建築物の工事現場への着目が顕著である。しかしそれは都市景観を特徴づける最上階のクレーンではなく、地上階において出入りするダンプカーや工事職人たちであり、児童が騒音や埃などに敏感に反応していることを示している。遠くから高層建築上階のクレーンを観察するという視点がないわけではないが、ほとんどの場合近視眼的である。ここにもまた、工事現場の環境が身体の延長において捉え

図8 工事現場

られていることが明らかである。
　ところで、フィールドワーク後の小学校の授業での総括の発表では、工事現場について、Eグループの児童は次のように述べている。

　児童（女子）：「色んなところを工事して、使いやすくしたりして良いところもあったけど、身近にいる鳥などの住みかを破壊する場合もありました。そういう人が作り出した歴史もありました。」

　この児童は工事における自然的環境の破壊を強調してはいるものの、フィールドワークで感じたことを思い返して比較的素直に述べている。ここで重要なことは、環境破壊の功罪ではなく、そこが以前「身近にいる鳥などの住みか」であったということの発見である。フィールドワークの現場では、目に見える環境の過去の時間の繋がりの断絶への嫌悪が、工事現場の否定的な評価に繋がっている。

4.3　歴史的建造物

　あるいは逆に、恒常的な歴史的モニュメントであれば、それは学年にかかわらず史実として一様に肯定される。所謂「平和教育」に熱心な広島市の教育環境において、それはとくに顕著な傾向である。都市が時間的蓄積において成立しているということ、過去との何らかの連続性において現在があるということを、児童に実感させることは最も難しい問題の一つである（寺本他、2006）。
　しかし、「被爆」という事実のみに広島らしさが感じられるわけではない。あるグループの児童の一人は、フィールドワーク（EP2）後の小学校の授業で、次のように述べている。

　児童（女子）：「歴史について、3号線を通って広島について思ったことで、古い建物がいっぱいありました。原爆ドームは世界遺産になっています。他の家は世界遺産ではありませんが、それなりに古さが出ていて、広島

らしいものがたくさんあったと思います。それと、古いものが電車に乗っていて見えて広島らしいと思いました。最後に、広島らしいで、古いと新しいがあって一番良いと思いました。」

　「それなりの古さ」ということの意味は、うまく言葉に出来ずに具体的に説明されていない。しかし教科書では学習することのない一般民家のまちなみの「古い」環境のたたずまいが、世界遺産と区別することなく見出されていることは確かである。とくに、スーパーマーケット型でない、狭い露地に個人商店が集合する戦後の雰囲気を残す市場（宇品ショッピングセンター）の発見が児童たちによってなされたことが注目に値する。
　実際のフィールドワーク（EP2）において、あるグループの市場の発見は、次のような会話に表れている。

サポーター：「古い商店街やな、これなー。よく周り見てごらんよ。」
サポーター：「おっ、良いにおいするな。」
児童1（男子）：「メロン。」
サポーター：「メロンかな？」
児童2（男子）：「写すでー。」
サポーター：「何撮るん？」
児童2（男子）：「この商店街撮りたいんよ。」
一般市民：「市場が少なくなってるから珍しいでしょ。」
サポーター：「本当はこういうところで買った方が新鮮なんだけどね。」
児童3（男子）：「まちに馴染んでる。」
筆者：「こういうところ［八百屋］もあるよ。」
サポーター：「あっちは八百屋さんだね。古いなとか新しいなとか、これはいいなとか思ったら書いてね。」
児童4（女子）：「［店に設置された看板を読んで］適正表示の店。」
一般市民：「あいとう市場［宇品ショッピングセンターの古称］っていうところなのよ。戦後まもなくできたの。」

図9　市場

児童5（男子）：「古い歴史が残っていますねぇ。」

　ここでは、未知なる歴史的環境の発見と同時に、コミュニケーションの距離の近い極めて人間的な環境への興味が認められ、そこに市場の営みの時間的連続性が見出されている。「古い歴史が残っていますねぇ」というやや批評めいた発語は、優等生にありがちな小学校5年生の児童の表現としては珍しくはないが、「まちに馴染んでる」という発語は、単に物珍しさから出た表現ではない。市場において営まれる環境そのものに対する実感のこもった比較的素直な発語である。児童は部外者として客観的に環境を調査しているというよりも、むしろ声を掛けられたことをきっかけに、市場の環境そのものへの親近感が生まれ、そこに入り込んでいる。そのことによってはじめて生活の時間の蓄積が感じられるのである。この市場での写真撮影は、自ずと市場を営む人々に向けられる（**図9**）。

5.　歴史的感性

　現代のこどもの「遊び」環境は、道草空間の減少により、非常に囲い込まれた安全な場所で展開する。戦後のモータリゼーションと高層化を前提とした近代都市計画整備の一つの帰結であろう。自動車によって都市空間から駆逐された歩行者の安全性は、ガードレールと歩道橋によってかろうじて保証

される。すなわちそこは、安全で衛生的な「家」の延長であるかもしれないが、他者が介入する余地は残されていない。そこは、心理的には「家」の外延であると同時に、制度的には「家」とは隔絶された「公」の空間である。児童の生活環境においては家、家の庭、遊び場、通学路、学校、塾等々が「私」の空間としてしか連続していない。したがって、「古い家は汚いので×」という非当事者的な評価となる。

しかし一方で、仲間以外の他者と遭遇し、「触れ合い」の感じられる機会が完全に失われてしまったわけではない。小学校5年生時のフィールドワーク（EP2）では、次の会話が地元の人々との間で交わされている。

児童1（男子）：「僕は、宇品5丁目を最初見てみて、古いなぁと思っていたけど、降りて詳しく見てみると、人と人との触れ合いがあって良いなぁと思うようになりました。」

筆者：「はい、B班の方から発表してもらいましたが、まずみなさんの方から質問があったら手を挙げてください。」

質問児童2（女子）：「宇品3丁目の方にある、歴史のつまったところというのはどういう意味なんですか？」

筆者：「どういう意味だろう？」

児童1（男子）：「あのー、汚いって言ったら悪いんですけど、何か汚れている、色んな何か車とかで、汚れていたりして。だけど、みんなの触れ合いがあったり、色んな歴史がつまっているので、良いところもあったり。」

筆者：「だからさっきの発表でも最初こう、あったけれど、古そうだけど、人と人との触れ合いがあるって言っていたけど。触れ合いってどういうものなの？　誰か宇品のところでおじさんに説教されてた人いましたね、挨拶がなっとらん、とか言われて。」

児童1（男子）：「僕たちは、実際に宇品5丁目の商店街に入って、それで算盤とか売っているおばさんに声をかけたりしたら、地域のことをたくさん話してくれて、色々と話すことが出来たので、そこが何か触れ合いというか……。」

筆者：「普段のみんなの生活とはちょっと違う？」
児童1（男子）：「うん、そこの生活みたいなのが分かった。」

　宇品ショッピングセンターのような戦後的な市場空間のスケールに見出されているものは、単なる物理的な古さだけではない生活に密着した空間の歴史性であり、人だけではなく、その空間との「触れ合い」なのである。この経験がなければ、この児童らは、単に古くて不便な場所として否定的な評価をしていたにちがいない。
　それは市場のような人工的環境だけではなく、自然的環境でも同様である。「りっぱな木」は単に視覚的な大きさや古さの問題ではなく、歴史を持つ生き生きとした環境との「出会い」（木岡、2007）なのである。
　都市環境における時間は、公的であるか私的であるかにかかわらず、今に生きられる環境に発見される[10]。フィールドワークの現場において、単に「もの」ではなく、人間が密着する場所に児童は確かに「歴史的環境」の時間を感じ、各々の仕方でそれを自由に表現している。「歴史的環境」についてのこどもの感性、すなわち「歴史的感性」[11]は、言語による概念的理解の成熟を前提とするものではない。それは、「環境についての評価」という以前に、時間を内包する「環境への参与」[12]の能力と考えられる。たしかに、歴史的環境は知識によって習得されることが多い。しかしこどもは知識に拠る以前に、至るところで環境の時間的営みに参与し、非言語的なコミュニケーションをはかっている。それがある時には態度・表情として表出し、またある時には発語されるのである。
　そして、この「歴史的感性」が覚醒させ、育むためには、フィールドワークという現場の身体的行為が根本的に重要である。「歩くこと」[13]、すなわち、あらゆる環境に内在する時間の深度に身を浸すこと、その流れの多様性を感じること、それを身体で表現すること、それによって、単なる「同情（sympathy）」ではなく、時間を内包する環境との双方向的な「共感（empathy）」すなわち「交感」が生まれるのである[14]。
　したがって、「歴史的環境」としての都市とは、歴史の形象化以前に、こど

も自身が「歩くこと」を誘発されるように仕掛けられた場のことなのである。

注

＊図表は全て筆者作成。写真は全て児童撮影。

1 第6章において谷津によって論究される「いいお産」と同様に、「平和」もまた社会的な概念である。但し、「平和」の場合、少なくとも現在の日本では、平和を担う主体としての当事者性の意識が必ずしも明瞭ではない。当事者性と現場性に関する問題については、第5章における桑子論文を参照。
2 ホームページでは、「エコピース」のコンセプトを以下のように説明している。「ひろしまエコピースマップは、「ひろしまをつなぐ」環境地図です。人・地球・歴史を路面電車でつなぎながら、場所に愛着が芽生えるような感性を育み、あらたしい「平和」（エコピース）を表現していきます。」（http://home.hiroshima-u.ac.jp/ecopeace）
3 環境評価という文脈では、本論は一見感性における感受性（sensibility）を主題化しているように見えるが、しかし単なるユーザー・サイエンスではなく、感性における創造性にも着目している。したがって、環境評価は数量化できるものだけではなく、そこには願望や失望、あるいは希望が含まれるという意味で、第8章における小野による建築家の制作に関する感性についての論考と共通点を持つ。
4 第7章において根津は、教室というフィールドにおける感性を主題化している。そのフィールドを構成するものはこどもや教師であるが、都市というフィールドにおいては他者や一回的で歴史的な場所が介在する。
5 たとえば、『こども環境学研究』、Vol.3, No.2 の特集「こども環境と家庭」参照。
6 「ひろしまエコピースマップ」では、フィールドワーカーは児童自身であり、それを観察する筆者もまたフィールドワーカーであるという二重構造になっている。
7 テーマ設定の枠組み（ルール）を設けることで、かえってそこから逸脱することができるという意味では「遊び」行為の本質と考えることもできる。たとえば保護者の場合、児童の「安全」という規範的指標が常に保持されているのとは対照的に、児童の場合は日常的な管理環境からの逸脱としての「遊び」の根源性（ホイジンガ、1973）と結び付いているがゆえに、概念以前の感性に結び付いていると思われる。
8 一人称で語ることの技術は、新しい客観性を目指す感性的「フィールドワーク

ショップ」による桑子敏雄の合意形成の実践から着想を得ている。桑子（2007）参照。

9　フィールドワークに参加した児童の大半はマンション居住である。日常の居住空間の工事普請を知らない児童たちには、都市は生成変化するという意識の欠如によって、工事現場では思考が停止してしまう。

10　また一方で、歴史的環境に対するこどもの感性を解釈する能力が、我々に求められている。実際、サポーターの言動が主題の「誘導」にもなり得る。しかし、我々のこども研究はフィールドワークという現場の環境に密着した一個の人間そのものへの接近でなければならない。そのためには、少なくとも我々が暗黙裏に前提としている「こども」という概念の歴史的生成を自覚しなければならない（矢野、1995）。

11　「歴史的感性」はおそらく桑子（2001）ではじめて主題的に論じられている。「空間の履歴の共有」と「失ったものを探り出す能力」を、本章ではこどもを通して考え直してみたい。環境における歴史性は、「履歴」として客観的に存在し、記述し得るものであるかどうかという問題があるからである。「歴史的感性」と呼ぶべきものの別の探究については、第9章における古墳のフィールドに関する岡田の論考を参照。しかしながら、こどもの「歴史的感性」は考古学的な実証や、「物語り」（第2章における長谷部の論考参照）という仕掛けを持たないが故の困難さがある。なお、「歴史的環境」と対をなす「公共的感性」については、環境評価にもとづく児童の模擬提案の実践（プラクティス）に関して別途考えてみたい。第4章における関による「自治」についての論考は、この点を主題化している。

12　ここで言う「参与」とは、人間の身体の場所への接合感を意味し、シカゴ派社会学における「参与観察」の方法論とは必ずしも同一ではない。しかし環境への「同化」や「没入」という表現では、人間と環境とのコミュニケーションの次元が捨象されてしまうため、差し当たり「環境への参与」という表現を用いることにしている。

13　日常生活においては、高度経済成長期以降のモータリゼーションの加速度的進行や防犯の必要性から実施されることの多い集団登下校もまた、「歩くこと」を阻害する要因となる。つまり、他者と出会う契機となる「さすらい歩く」ことが阻害されている（高橋、2007b）。広島大学附属小学校では、学区制ではないため集団登下校は実施されていないが、研究対象児童の保護者は、公共交通機関を用いる通学路より、自宅から最寄りの駅までの早朝夜間の暗がりや人気のなさを憂慮している。つまり、交通の危険度より防犯意識が高く、他者との接触が抑制される傾向がある。

14　従来の感性論は、とりわけ「感受性（sensibility）」の文脈で論じられているが（中村、1975；コルバン、2002）、「感性」とは、単なる受容器官としてではなく、環境との双方向的な関係において表出する。その意味で筆者は、単方向的な感情移

入（empathy）としての「共感」という訳語よりも「交感」と言い換えてみたい。それは確かに、フィールドとその主体の多義性や不確定性という問題にも関連するであろう（第10章の佐々木による旅に関する論考を参照）。「感性」とは何かを定義づけるというよりもむしろ、ここでは「感性」の機械論的な記述の不可能性、あるいはそのダイナミズムを示そうとしたに過ぎない。それはまた、感性と知性の融合する実践（プラクティス）に関わる問題であり（第1章の清水による「生活」に関する論考を参照）、この点についても別途論考したい。

参考文献

岡本夏木、1982、『子どもとことば』岩波書店。
織田正昭、2006、『高層マンション子育ての危険』メタモル出版。
加藤孝義、2003『環境認知の発達心理学―環境とこころのコミュニケーション』新曜社。
木岡伸夫、2007、『風景の論理―沈黙から語りへ―』世界思想社。
木下勇、1996、『遊びと街のエコロジー』丸善株式会社。
桑子敏雄、2007、「感性哲学の展開：感性的体験と川づくり・まちづくり」、日本感性工学会感性哲学部会編『感性哲学7』東信堂、pp.24-39。
―――、2001、『感性の哲学』日本放送出版協会。
コルバン，A.、小倉孝誠訳、2002、『風景と人間』藤原書店。
齋藤純一、2000、『公共性』岩波書店。
佐々木健一、2004、『美学への招待』中央公論新社。
佐藤郁哉、1992、『フィールドワーク―書を持って街へ出よう』新曜社。
住田正樹・南博文編、2003、『子どもたちの「居場所」と対人的世界の現在』九州大学出版会。
仙田満、2009、『こどものあそび環境』鹿島出版会。
千代章一郎、2003、「環境地図の思想・「グリーンマップ」制作における子どものアイコン表現」、日本感性工学会感性哲学部会編『感性哲学3』東信堂、pp. 58-80。
―――、2004、「歴史的環境の現場における子どもの感性」日本感性工学会感性哲学部会編『感性哲学4』東信堂、pp.47-66。
―――、2005、「アイコンを用いた歴史的都市環境地図と時空のコミュニケーション」日本感性工学会感性哲学部会編『感性哲学5』東信堂、pp.36-63。
―――、2006、「被爆した身体と都市景観の想起」日本感性工学会感性哲学部会編『感性哲学6』東信堂、pp.61-75。
―――、2007a、「平和環境の多様性と概念化：広島市の小学生児童による都市環境表現の変容」、日本感性工学会感性哲学部会編『感性哲学7』東信堂、pp.86-

101。
───────、2007b、「保護者との比較による小学校3年生児童の都市景観評価の分析」、『こども環境学研究』、Vol.3、No.2、pp.74-83。
───────、2008「感性を育む場としての都市の公共空間─子どもによる都市環境評価の両義性」日本感性工学会感性哲学部会編『感性哲学8』東信堂、pp.75-96。
高橋鷹志、2007a、『子どもを育てるたての学』チャイルド本社。
高橋勝、2007b、『経験のメタモルフォーゼ 〈自己変成〉の教育学』勁草書房。
寺本潔・大西宏治、1995「子どもは身近な世界をどう感じているか─手描き地図と写真投影法による知覚環境把握の試み」、『愛知教育大学研究報告44（人文科学編）』、pp.101-117。
寺本潔、1990、『子ども世界の原風景─こわい空間・楽しい空間・わくわくする空間』黎明書房。
───────、2001、『総合的な学習で町づくり』明治図書。
寺本潔他、2006、『近代の歴史遺産を活かした小学校社会科授業』明治図書。
都甲潔・坂口光一編著、2006、『感性の科学─心理と技術の融合』朝倉書店。
中村雄二郎、1975、『感性の覚醒』岩波書店。
───────、1992、『臨床の知とは何か』岩波書店。
ブルデュ、P.、今村仁司、港道隆共訳、1988、『実践感覚1』みすず書房。
ホイジンガ、J.、高橋英夫訳、1973、『ホモ・ルーデンス』中央公論社。
ボルノー, O. F.、大塚惠一・池川健司・中村浩平訳、1997、『人間と空間』せりか書房。
水月昭道、2006、『子どもの道くさ』東信堂。
矢野智司、1995、『子どもという思想』玉川大学出版部。
吉原直樹、2007、『開いて守る』岩波書店。
リンチ、K.、北原理雄訳、1980、『青少年のための都市環境』鹿島出版会。
───────、有岡孝・駒川義隆訳、1994、『廃棄の文化誌』工作舎。
レヴィン, K.、猪俣佐登留訳、1956、『社会科学における場の理論』誠信書房。

第4章

流域の「自治」をデザインする

——"絆"をつなぐフィールドミュージアムの来歴——

関　礼子

昭和初期の阿賀野川の風景

サンパ船がならぶ阿賀野川の川湊は夏の日の子供たちの遊び場であった。小学校の校舎、国防婦人会の集合写真などとともに、この川湊の風景は『おもいで』と題する小アルバムに収められている。ふるさとの『おもいで』を抱いて出征した人もいたことだろう。

出所：市川太介蔵『おもいで』（年不詳、中流地域の集落で作成されたアルバム）

本章の概要

　新潟県では、「阿賀野川流域地域フィールドミュージアム事業」が展開されている。阿賀野川流域を野外博物館にみたてて保存しようとするのは新潟水俣病の記憶であり、育むことが期待されているのは地域の"絆"である。このフィールドミュージアム事業において、新潟水俣病の記憶は博物館という「外部化された装置」に凍結保存されるものではない。それは、被害者を取り巻く社会環境を変化させる可変的なものとして想定されている。また、事業が企図する流域としての地域再生や環境再生は、被害者にとって好ましい社会環境形成のためのツールとして位置づけられる。フィールドミュージアム事業が目指す流域社会の自治は、森川海の一体性を回復する生き方を軸に、人と人、地域と地域との新たな"絆"を創造する、未来に向けた感性なのである。

1. 超高速更新社会のなかの記憶

　保存するために保存することについて、かつてリースマンは、「その固有な歴史的遺産を土着主義的、ないしは復古主義的な運動によって守ろうとするときには、その努力そのものが、じつはそれまで当り前のこととして行われていた文化的な習慣の終末を意味するのである。たいへん逆説的なことだが、このような復古主義的伝統を守ろうという考え方が生れることによって、その社会の近代化のスピードは高まり、伝統はいわば、死滅寸前のイデオロギーになってしまう」(リースマン、1964、p. xix) と述べた。

　モノをつくり出す技術にせよ、コトをつくり出す情報にせよ、はたまた伝統という歴史性にせよ、日常的な生活文化にせよ、超高速で更新される現代の社会は、すべてを保存の対象にする。そこではモノを収蔵する博物館だけでなく、地域そのものが博物館と位置づけられ、展示可能なモノだけでなく、「伝統として理解されている」(荻野、2002、p. 216) 不可視のものや集合的記憶までもが保存の対象になるのだ。

　集合的記憶をめぐっては、リースマンが考えた以上の保存の逆説が現在の社会にはある。「博物館を社会における記憶の保存装置、いわば社会というコンピュータのハードディスクであるとみるなら、保存状況が万全であれば

あるほど、その記憶は個々人のなかに保持しておく必要はないということでもある。そして、今日、このハードディスクの容量はますます増大しつつある」（小川、2002、p. 62）のだ。集合的記憶は私たちの日常から切断され、日々のコミュニケーションから遠ざかる。私たちは記憶を博物館に預け、安心して忘却することができる。それが負の記憶であればなおさらだ。負の記憶を保存しようという善意の意志が、忘れたいが忘れてはいけないという「ジレンマを解決する装置として」（小川、同上、p.63）機能しているのだとしたら、負の記憶を背負っている当事者にとって、この社会はなんと礼儀正しい残酷さを持ちあわせていることか。

この残酷さに抗う動きがある。負の記憶を外部化された記憶装置としての博物館に委ねるのではなく、いまここにある地域の日常的な文脈のなかに取り戻し、常なる現在である未来を構想しようという動きだ。

ここでみる新潟県の「阿賀野川流域地域フィールドミュージアム事業」（以下、「フィールドミュージアム事業」と記す）は、負の記憶に分類される新潟水俣病の問題を、外部化された記憶装置から取り戻し、終わらない被害を生きる人びとの途切れた"絆"を取り戻そうという明確な意志のもとで展開されている[1]。本章では、フィールドミュージアムにおける記憶と保存のダイナミズムを、未来を模索する「試行錯誤」（宮内、2001、pp. 66-67）という視点から論じ、現在を過去として切り離す記憶の外部装置化に抵抗する感性のあり方について考察したい。

2. 記憶の未来を模索する

集合的記憶は周囲から遮断されることで保存の対象になる。それは、写生のときに親指と人差し指で風景を切り取ったり、カメラのファインダーに風景を押し込めたりするようなものだ。そこではイメージにそぐわない存在が意図的に排除され、ノイズが消される。ジンメルが述べたように、額縁をあてた風景は外界を遮断し、内的統一を強調する（ジンメル、1999、pp. 115-116）。同じように、記憶は額縁をかけることで保存されていく。

ある時代、ある社会が持つ感性や「まなざし」も一種の額縁である。ピクチャレスクとして風景を眺めるとき、写真の中に示された風景のなかに身をおくとき、私たちは既に社会的に構造化され、組織化されたまなざしで風景をながめている。「観光のまなざし」（アーリ、1995）もまた、風景にかける額縁のようなものである（関、2007、pp.146-147）。観光のまなざしは、自然景観や歴史的建造物、人びとの伝統的な生活や日常のたたずまいなどを、保存すべき対象として指示してきた。そしてまた、保存された対象は、観光のまなざしを充足させる装置として機能してきた。

　出来事が語られるときにも、そこには額縁がかかっている。フレームとか歴史の構築と言い換えても良い。広島の原爆ドームに隣接する平和記念資料館で語られる中心は、原爆ドームがなぜ、どのようにして保存されてきたかという歴史ではない。来館者の感性とまなざしは、額縁のなかで内的に統一性のある被爆経験へと向かう。水俣病のような公害病に関する資料館も同様である[2]。どちらも語り部は被害経験という額縁のなかで語るように方向づけられている（関、2006b）。

　額縁は閉鎖的である。レオナルド・ダ・ヴィンチのモナ・リザは未完成であるといわれるが、額縁がかけられた以上、それ以上の完全形はありえない。世界遺産であれば、登録された時点での状態が維持されなければ危機遺産となり[3]、危機から救われなければ世界遺産リストから外れてしまう。2004年に世界遺産に登録されたドレスデン・エルベ渓谷（ドイツ）は、2009年に橋の建設を理由に登録抹消された。橋によって文化的景観が損なわれたためである。額縁がかけられた時点のその形こそが遺産としての完全形なのであり、そこからの逸脱は認められないのだ。

　他方で、額縁は創造的である。世界遺産をはじめとするさまざまな保全のための制度がつくられる過程には「プロセスの創造性」があり、さまざまな選択肢からモノ・コトに適合的な額縁をかける過程には「選びとる創造性」がある。とはいえ、プロセスのなかに、あるいは動的な思考と社会の中に存在する創造性は、ひとたび制度がつくられ、対象が選択された途端に霧消するものでもある[4]。

表1　野外博物館の分類とエコミュージアムの位置

現地保存型野外博物館 Museum for Conservation on the Actual Place		自然・人文総合野外博物館 生活・環境博物館（Ecomuseum）	地域住民の伝統的な生活を環境と共に保存・育成・発展させるもの
	自然系野外博物館 Field Museum	自然系総合野外博物館 General Field Museum	自然遺産を総合的に現地で保護・育成し、公開しているもの
		野生生物保護センター Wild Life Refuge Center	野生生物の保護・育成を目的とするものでアフリカ国立公園に多い
		天然記念物博物館 Natural Monument Museum	地質・生物等の貴重な自然遺産を保全し、展示・公開しているもの
	人文系野外博物館 Site Museum	人文系総合野外博物館 Heritage Park Museum	現場で文化遺産を総合的に保存・修復し、展示・公開しているもの
		史跡・遺跡博物館 Historic Site Museum	史跡・遺跡・城郭・家屋・町並みなどを現地で保存・公開するもの
		産業遺産博物館 Industrial Heritage Museum	生産工場・鉱山・坑道などの産業遺産を保存・修復し、公開するもの
収集展示型野外博物館 Museum for Collection and Exhibition at the Open-air		自然・人文総合野外博物館 General Outdoor Museum Combined with Nature and Culture	自然及び文化遺産を各地から収集し、それを野外に移設・復元・展示し、公開しているもの
	自然系野外博物館 Outdoor Museum	自然系総合野外博物館 General Outdoor Museum	自然を構成する岩石、鉱物、動植物などを野外で展示公開するもの
		動物園、植物園、水族園 Zoological Garden, Botanical Garden and Aquarium	各種の動・植物、魚類などを収集し、生きているものを野外で飼育・栽培し、公開しているもの
		地学園・岩石園 Geological Garden Rock Garden	岩石の種類や、その産状が理解できるように野外に展示したもの
	人文系野外博物館 Open-air Museum	人文系総合野外博物館 General Open-air Museum	各種の建築物や美術・彫刻作品等を野外で展示・公開するもの
		建築物等移設・復元博物館 Open-air Museum	各地から建築物資料等を収集し、移設・復元して展示公開するもの
		彫刻野外展示博物館 Sculpture Park Museum	自然環境の豊かな野外の芝生に復刻作品を展示している野外美術館

出典：新井、1997（＝1989）、p. 24
出典注：エコミュージアム（Ecomuseum）：博物館分類学上は資料の現地保存を原則とする総合野外博物館に属する。箱物博物館はすべて収集保存展示型の博物館である。

　このような額縁の閉鎖性と創造性とを柔軟に組み替えようとする動きもある。エコミュージアムはその一例である[5]。エコミュージアムは、モノやコト、記憶の保存のための額縁を組み替え、幅広く創造性を発揮しうる博物館である。現地保存型野外博物館に属するエコミュージアムは、表1のように、保存だけでなく、育成・発展を企図するものとされている。保存することで「地

域らしさ」[6]を保持し、それによって地域を活性化する手法として注目されてきたエコミュージアムは、ある一時点が完全形として未来を拘束しないぶん、そこでの額縁は固定されることなく次々にかけかえられていく。当然、記憶や語りにかけられる額縁も動的な創造性を持つだろう。常なる現在が積み重なって生まれる新しい過去は、記憶や語りに作用する。記憶や語りは一時点で凍結されることなく、未来を模索することになる。

3. 切り刻まれた川を結ぶ

　フィールドミュージアム事業は、新潟水俣病の被害地となった阿賀野川流域全体を野外博物館にみたてて、従来の新潟水俣病の額縁をかけかえるための現在進行形のプロジェクトである。表1の分類にあるエコミュージアムのように可変的なものとして、より正確には変化を目的にして構想されている。フィールドミュージアム事業は、「かつて大きな公害を経験した阿賀野川流域の『自然・歴史・生活・文化』そして『人』に光を当て、そこに見つけ出した『阿賀野川の宝もん』を、流域のみなさんと一緒に、地域を元気にする試みにいかしていこう」[7]という目的を持つ。2009年8月現在、「阿賀野川え～とこだプロジェクト」の愛称のもと[8]、フィールドミュージアム事業は三つのフェイズから展開されている。地域の人びとを巻き込んでいくようなイベント開催、阿賀野川流域を環境学習のフィールドにしていく取り組み、「阿賀野川の宝もん」を伝えていく情報発信である（**図1**）。

　フィールドミュージアム事業は、流域社会全体の活性化を狙いにしているが、活性化はあくまでも手段である。目的は新潟水俣病の被害を受けた人びとの"絆"を取り戻すことにある。流域全体をミュージアムにみたて、流域市町の境界線をぼかしながら、人びとの間を隔ててきた被害をカテゴリー化する何本ものライン＝認定制度や救済制度による差異を一体になって融解していく試みである。以下に新潟水俣病をめぐる問題を概観し、フィールドミュージアム事業にみる流域社会創造をめぐる試行錯誤や「未来の発明という模索」（松下、1994、p.484）の過程を論じていこう。

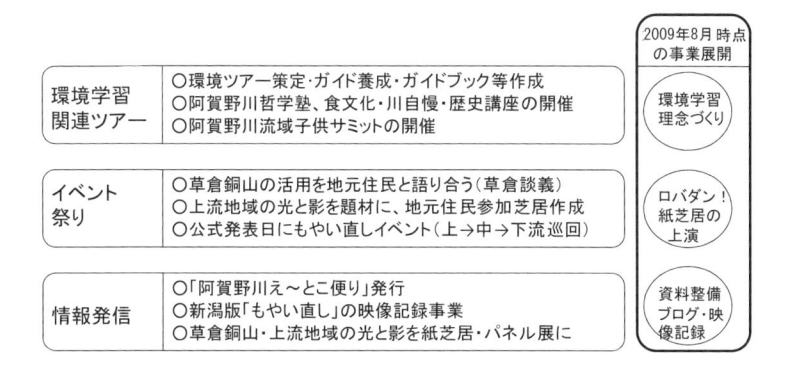

環境学習関連ツアー	○環境ツアー策定・ガイド養成・ガイドブック等作成 ○阿賀野川哲学塾、食文化・川自慢・歴史講座の開催 ○阿賀野川流域子供サミットの開催
イベント祭り	○草倉銅山の活用を地元住民と語り合う（草倉談義） ○上流地域の光と影を題材に、地元住民参加芝居作成 ○公式発表日にもやい直しイベント（上→中→下流巡回）
情報発信	○「阿賀野川え〜とこ便り」発行 ○新潟版「もやい直し」の映像記録事業 ○草倉銅山・上流地域の光と影を紙芝居・パネル展に

2009年8月時点の事業展開
- 環境学習理念づくり
- ロバダン！紙芝居の上演
- 資料整備ブログ・映像記録

図1　フィールドミュージアム事業の三つの柱と2009年8月段階の事業展開計画

出典：新潟県資料を参考に作成

3.1　流域の生活と新潟水俣病

　阿賀野川は山と海とを結ぶ大河である。ここに、「公害の社会問題化の原点」（関 2009b）ともいえる新潟水俣病の発生が公式発表されたのは、1965年6月12日のことだった。新潟県・新潟市・新潟大学の流域の疫学調査（第1回一斉検診）の結果、阿賀野川下流域で水俣病患者が多数みつかり、水俣病に認定された。

　他方で、被害は下流域に限定されるものではなかった。水俣病はメチル水銀に汚染された魚介類を多食することで発生する。阿賀野川の全流域に川魚を日常的に食する生活文化はあった。まだ阿賀野川に砂利船が往来し、集落の生業活動が川を向いて組み立てられていた頃、食生活は自給自足を基本としていた。阿賀野川でとれた川魚は隣近所や親戚に「お裾分け」された。隣の食卓が見える生活があった。流域らしい生活スタイルが、そこここに残されていた。そのため、新潟水俣病の被害は、川魚に依存していた流域地域全体に及んでいた。

　1967年提訴の新潟水俣病第一次訴訟が原告の勝訴で終わったのが1971年である。翌1972年、第2回一斉検診の結果、中・上流域でもようやく水俣病に認定される患者がでてきた。1973年には、昭和電工との間で「補償協定」

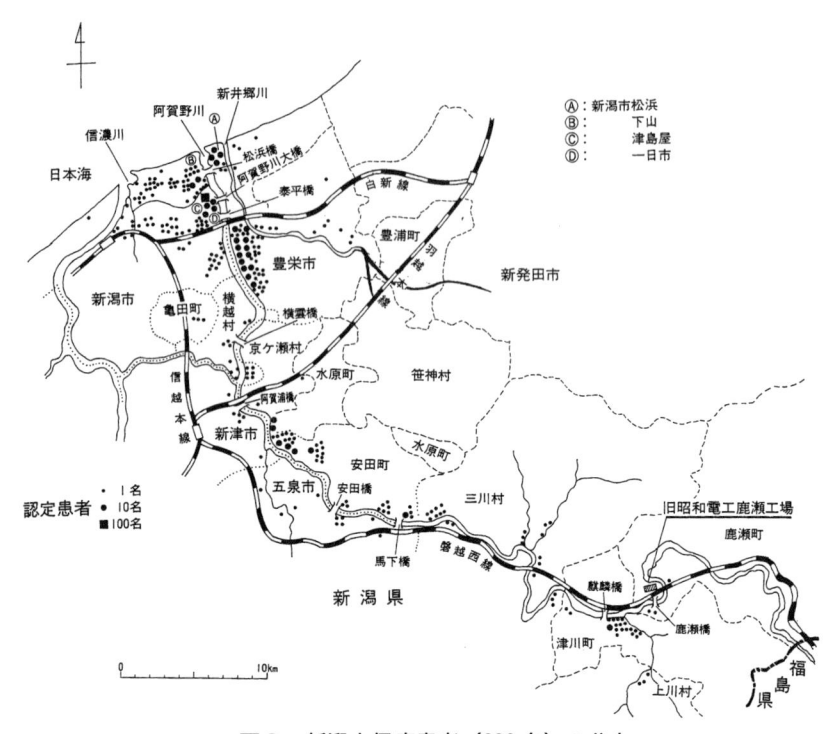

図2　新潟水俣病患者（690名）の分布

出典：飯島・舩橋編、2006（＝1999）、p. XV
（原図は、新潟水俣病共闘会議編、1990年、『新潟水俣病ガイドブック』所収地図を加筆・修正したもの）
注1：　2004-05年にかけて市町村合併し、現在の流域市町名は新潟市（旧新潟市、新津市、豊栄市、亀田町、横越村）、阿賀野市（水原町、京ヶ瀬村、笹神村、安田町）、五泉市（旧五泉市、村松町）、阿賀町（津川町、鹿瀬町、川上村、三川村）になっている。
注2：　2007年3月以降に認定された患者は図に記載していない。ちなみに、2011年2月末段階の認定患者は698名である。

が締結され、水俣病に認定されたら補償協定の適用を受けることになった。水俣病認定制度は「補償協定」を介して水俣病患者の全員一律補償に結びつくものと思われたが、実際はそうではなかった。

　新潟水俣病の公的に示される患者数は、地域ごとに不均等で、被害偏在が顕著になっている（図2）。ここで「公的に」と表現するのは、水俣病の患者数が制度によってカウントされているからである。水俣病患者は制度によって認定されてはじめて「水俣病になる」。他方で、制度によって水俣病

と認められなかった患者も存在する。

　第二次訴訟は認定を棄却された患者が国と昭和電工を相手どり起こした裁判である。1982年に提訴された裁判は長期化し、早期に判決を得るために第一陣の分離裁判という方法が取られた。1992年の第一陣判決では、原告91名中88名が水俣病と認められたが、国の責任はなしとされた。裁判は昭和電工の控訴でさらに長引くことになり、和解を求める声が高まった。

　1995年から96年に水俣病は「政治解決」を迎える。関西訴訟を除くすべての訴訟は和解し、新潟水俣病問題にも終止符が打たれた。だが、2004年の関西訴訟最高裁判決は、加害企業だけでなく、国と熊本県の責任も認めた。また、認定基準とは別の水俣病判断条件を示した。これが、行政と司法の「二重基準」として問題視され、水俣病問題を再燃させたのである。

3.2　ふるさとの環境と地域の"絆"

　被害が集積する地域では特に、新潟水俣病の被害を訴える人への偏見や差別、ねたみや中傷など、複雑な心情がある。新潟水俣病は、解決されていない問題として現存しており、地域の中で、この問題を語ることは「タブー」となっている。

　新潟水俣病は、物理的にも精神的にも、近ければ近いほど、語れない出来事である。外に向けて新潟水俣病の被害を語る人であっても、隣近所や身内の人には語りがたい。新潟水俣病は、地域の日常とは切り離された額縁の中にあった。それが、新潟水俣病の被害を潜在化させてきた。水俣病の「政治解決」後、新潟では「教訓を伝える」試みに力点が移った。関西訴訟判決後、不知火海沿岸では、これまで沈黙していた人びとが新たに認定申請しはじめ、その数は急増していたが、新潟ではこの時点で僅か1名しか新規認定申請者はいなかった。新潟では、まだ新たな被害者運動の兆しはなかった[9]。

　2005年、泉田裕彦新潟県知事が、「ふるさとの環境づくり宣言－新潟水俣病40年にあたって」を宣言した。発生から40年を経過してもなお被害に苦しみ、経済的社会的損失が解決されていない。他方で、新潟水俣病の問題は忘れられ、教訓の風化も懸念される。このようななかで、行政の責任は、「す

べての新潟水俣病被害者の方々が地域社会の中で安心して暮らしていけるようにすること、多くの犠牲を生み出したこの悲劇を未来への教訓として活かしていくこと」だと宣言したのである。

新潟県はふるさとの環境づくり宣言に基づき、新潟水俣病の啓発と情報発信の強化、高齢化に対応した保健福祉施策などの「ふるさとの環境づくり宣言事業」に着手した。新潟水俣病は阿賀野川流域の地域社会に差別や偏見をもたらし、人びとの社会関係に深刻なダメージをもたらした。事業は、もつれた地域感情の糸をときほぐし、再び紡いでいこうという「もやい直し」を企図して始まった。

この推進事業を効率的に進めるために、2007年に「新潟水俣病問題に係る懇談会」が設置された。流域市町もオブザーバー参加し、懇談会のメンバーが主導する形で議論を進めた最終提言書は、「昭和電工鹿瀬工場の排水に汚染された阿賀野川のウグイ属魚類、ニゴイ等の魚介類を摂取したことによってメチル水銀に曝露され、水俣病の症状を有する者については、公健法に基づいて水俣病と認定されているか否かを問わず、新潟水俣病患者とする」と定義し、新潟県独自の施策の樹立と、ふるさとの環境づくり宣言事業の施策の方向性を示した（新潟水俣病問題に係る懇談会、2008、p.11）。続く「新潟水俣病患者施策検討委員会」での議論を経て、「新潟水俣病地域福祉推進条例」が制定された（2008年9月制定、2009年4月施行）。

3.3　ふるさとの未来への模索

ふるさとの環境づくり宣言から新潟水俣病地域福祉推進条例に至るまで、新潟県の方針は一貫して二つの軸で構成されている。第一は被害を受けた個人への福祉支援であり、第二は新潟水俣病の被害を声に出すことができる環境づくりである（**図3**）。

第一の福祉支援という視点は、国の認定制度のはざまに落ち込んでしまった新潟水俣病の被害者が、認定されずに苦しんできたという事実に向き合うものである。認定制度の問題は、自治体が独自に対処することが容易ではない。だが、認定制度における水俣病の認定基準とは別に、独自に「新潟水

俣病患者」を定義し、福祉という枠組みで問題に対処することは可能である。新潟水俣病地域福祉推進条例は新潟水俣病患者を「メチル水銀が蓄積した阿賀野川の魚介類を摂取したことにより通常のレベルを超えるメチル水銀にばく露した者であって水俣病の症状を有する者」と定義した(第2条)。「水俣病」と「新潟水俣病」を区別することで、新潟水俣病患者に「新潟水俣病福祉手当」を支給するとともに、流域市町と連携して相談窓口の充実や保健師訪問活動などに力を入れることが可能となった。福祉支援は、新潟県および流域市町の自治の意欲と可能性を表現した施策なのである。

　第二の社会環境づくりは、地域再生と地域の融和をはかり、「誰もが安心して暮らすことのできる地域社会」を実現するためのものである。それは、新潟水俣病をめぐる差別と偏見に関連していた。阿賀野川という大河の流域地域では、新潟水俣病が発生した頃、ほとんどは自給自足の生活であった。川があって、魚が泳いでいれば、とって食べるのは当たり前である。流域には公的に示される以上に多くの患者がいておかしくない。だが、水俣病という病は差別・偏見にさらされやすい側面があり、水俣病だといえずにいた人が多

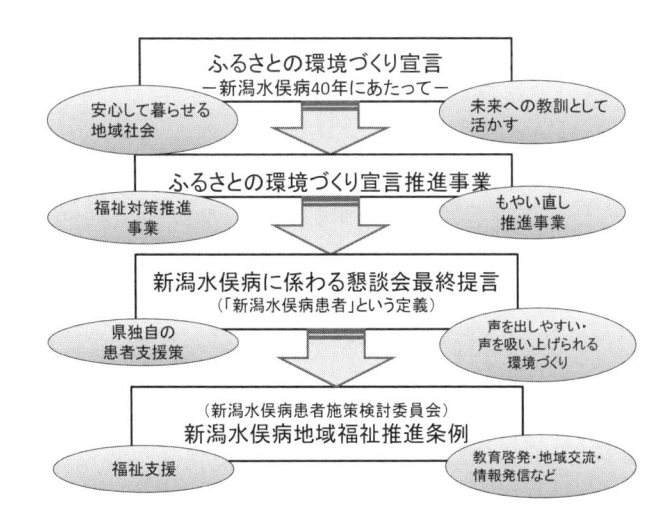

図3　新潟県の福祉支援と社会環境整備に関する施策の流れ

かった。そのような患者は認定申請が遅れ、厳しくなった認定基準のもとで棄却された。なぜ認定申請が遅れたのか。理由はさまざまだが、家族や親戚に認定患者がいても水俣病のことを教えてくれなかったと語る未認定患者も多い。そうであっても、自身も家族や親戚に水俣病の話はしないという。

　日常のなかで、水俣病はタブーである。お互いに情報交換するような状況にはないし、それぞれに、水俣病について固定的なイメージを持っている。「いまさら言いにくい」「孫や子供がどう思うか」「水俣病なのになんであんなに元気なのかと噂される」「肩身が狭い」など（関2003a、pp.123-124、p.255）、いまだ水俣病は差別や偏見から自由ではない。地域のなかでは、水俣病だと言えない雰囲気が依然として存在していたのである。しかも、新潟水俣病は、大多数の流域住民にとって、「昔のこと」であったり、「よくわからない」ことであったりする。

　教育・啓発の推進に加えて、フィールドミュージアム事業という地域融和のための試行錯誤をすることは、流域住民と新潟水俣病を共有しながら地域再生をすすめるとともに、いまだ潜在している患者が声をあげられる社会環境をつくっていくための「未来の発明という模索」である。

4. 未来の流域を紡ぐ

　フィールドミュージアム事業は、ふるさとの環境づくり宣言推進事業の一環として始まった。フィールドミュージアム事業は「もやい直し」を参考にしている。「もやい直し」が吉井市政誕生後に市長の強いイニシアティブによって始まったと同様、新潟県知事のイニシアティブで始まったという点も共通している。だが、水俣病と新潟水俣病は社会的な意味が異なるし、事業の対象範囲も異なる（**表2**）。「阿賀野川流域地域で行う『もやい直し』は、水俣病の発生で地域社会が著しく疲弊したため逆に一丸となって『もやい直し』に取り組んだ水俣市のような特殊事情もないため、どのようにして流域住民を巻き込んでいくかが大きな課題」である（新潟水俣病に係る懇談会、2008、p.23）。フィールドミュージアム事業は、こうした特有の状況を踏まえ

表2 「もやい直し」とフィールドミュージアム事業

	水俣病－「もやい直し」	新潟水俣病－フィールドミュージアム事業
イニシアティブ	吉井正澄水俣市政下で開始	泉田裕彦新潟県政下で開始
対象範囲	水俣市	阿賀野川流域市町（3市1町）
問題認識	忘却を許さず、水俣市のイメージを強く規定する水俣病	大多数の無関心と忘却 被害を受けた患者と地域のなかで問題が潜在
開始時期	「最終解決」以前 水俣病に対する社会的関心が高まりつつある段階	「最終解決」から最高裁判決を経て、熊本・鹿児島両県で新たな認定申請が急増したが、新潟では新たな申請者が僅か1名であった時期
関係性の修復	水俣市民の関係性修復と対話・協働	地域の関係性修復ならびに新潟水俣病に対する流域とその他地域の温度差を埋める対話・協働

て、独自の方向性を模索する必要があるのだ。

　水俣市とは異なり、対立ではなく無関心におおわれた阿賀野川流域で、新潟県はいかに流域市町と連携・協力しうるか。そもそも従来は未認定患者問題に消極的だった新潟県に疑念を持つ被害者団体など、当事者に近い立場性を持つ人から受け入れられるか。このような課題に対し、新潟県は、2007年度に新潟県、流域市町、NPO、患者支援団体など多様な立場が参画する「阿賀野川流域地域フィールドミュージアム事業実施検討会」を設置して事業の方向性について検討を重ね、2008年に「阿賀野川え〜とこだ憲章」を定めた。

［阿賀野川え〜とこだ憲章］
　　私たちは、新潟水俣病がはらむ問題や教訓に光をあて、負の遺産から新たな価値を生み出すために、阿賀野川流域の宝物を広く内外に発信すると共に、公害により失われた人と人、人と自然、人と社会の絆を紡ぎ直し、地域を愛する人が地域の未来をつくる『流域自治』の確立へ向けて行動します。
［3つの基本方針］
　一、阿賀野川への愛を取り戻し、人と川が共に在る新たな時代をつくる
　一、新潟水俣病の記憶を風化させず、人類の教材とする

写真 「ロバダン！」の様子（新潟県提供）

一、絆あふれるまちづくりを通し、被害者の人間解放を進める

　2009年度から本格始動したフィールドミュージアム事業は、環境学習フィールドの流域づくり、地元住民と語る「ロバダン！」（炉端談義）[10]やイベントの開催、事業の情報発信を軸としながら、まずは加害企業の工場があった阿賀野川上流地域で集中的に事業を展開し、次に中流地域、下流地域へと主軸を移していく計画で、3年を目処として実施されることになった（**写真**）。

4.1　ネットワークの森

　フィールドミュージアム事業という「未来の発明という模索」を始動させるには、いくつかの基盤があった。

　第一は、独創的な政策を展開する新しいタイプの地方自治体の首長が登

場したことである。2005年のふるさとの環境づくり宣言は、新潟水俣病を県の行政課題として正面から捉えた。担当部署の量的・質的な人的拡充は、歴史的にねじれた新潟水俣病という困難な問題に対処するためには不可欠で、これがなければフィールドミュージアム事業という苗木が伸びていくような環境は生まれなかった。

　第二は、ふるさとの環境づくりという理想を実現していくために、患者の日常に最も近い立場にある流域市町の協力と連携がとられるようになったことである。2007年に政令都市となった新潟市は、篠田昭市長のイニシアティブのもとで新潟水俣病の個別の相談窓口を設置し、新潟水俣病に関する市民講座や水俣展の開催など、積極的な施策を展開した。阿賀野市や五泉市、阿賀町でも、県の事業に協力し、地域にみあった方法で保険師訪問などの福祉支援を進めている[11]。

　第三に、地域の共助を促し、さまざまな活動を創造的に行えるような土壌があったことである。中流地域では日常の視点から地域の被害者の運動をエンパワーメントし、その運動を支援してきた旗野秀人がいた。彼は、『阿賀に生きる』（佐藤真監督）という映画を仕掛け、一見すると水俣病にみえない高齢の被害者とともに『唄は百薬の長』というCDを作成した。さらに、新潟水俣病と水俣病、足尾鉱毒事件の被災地に地蔵を建立して、三つの地域を「祈りのネットワーク」で結んだ（関、2009b、p. 229）。また、映画『阿賀に生きる』の製作委員会の代表だった大熊孝（専門は河川工学）は、「水辺の会」というNPO活動の中心人物で、地域の歴史や記憶を重視した思想と活動を育んできた。これらは、新潟水俣病を共通項にして、流域全体をミュージアムにみたてて地域を活性化するという、未来を発明するための土壌をつくり、苗木を育ててきた活動といえる。

　人間は、その内がわにある力の方向にしたがって、伸びやかに多面的に成長せよと求められている樹木のようなものだという（ミル、1971、p.120）。フィールドミュージアム事業は、人と人とのネットワークを結ぶことで、流域を「流域社会」として多面的に成長させ、発展させる森にしようとする仕掛けである。森の潤いのなかで、その一部である新潟水俣病患者もまた伸びやかに枝

葉を伸ばすだろうと期待されたのだ。

4.2 流域の集合的記憶

　流域とは水を集めて山を下り、谷を削って平地を潤す川の流れであり、そこには川の流れの中でモノやコトが意識できる社会があった。阿賀野川流域では、川が身近であった時代、サケ・マスを下流で採り尽くさずに上流へと遡上させていくしくみや、川の流量にあわせて上流から丸太を流し、筏に組み替え、筏を連結させて下流へと流すしくみがあった。県境を越えて阿賀野川の源流に続く会津文化圏の香りがあり、日本海側の海運の要所として新潟港に出入りする船で栄えた文化の賑わいを共有できた（関、2003b, 2005）。

　イザベラ・バードを魅了した「河上の生活」（バード、2000、p.185）が生き生きと展開されていた流域に、流れを切り刻むダムが次々と建設され、高度成長を経て流域の一体感は少しずつ失われていった。流域から社会が離れていく過程のなかで、「美しき」流域の生活は輝きを失っていく。川岸では草木が鬱蒼と茂り、荒れに任せて近寄りがたい状況がみられる。管理されすぎてよそよそしい風景もある。阿賀野川は、老若男女に開かれた、暮らしの中心ではなくなっていた。

　だが、川に暮らし、川に依存した食生活が確かにあったのだ。それは否定できない事実である。誰もがその時代、そのように暮らしてきたのだという集合的記憶を呼び起こすことは、フィールドミュージアム事業にとっても重要な課題になるだろう。新潟水俣病は暮らしが劇的に変化する時代に起こった。その時代に生きていた誰もが被害を受けておかしくなかった。新潟水俣病への差別や偏見は暮らしの記憶を流域の住民と掘り起こすなかで変容するのではないか。そこにフィールドミュージアム事業の希望がある。

　日本の流域をめぐっては、既に、次のような指摘がなされている。

　　「大切になるのは、山川が荒れた後のこれからを私たちはどう生きればよいのか、ということである。おそらくは後戻りということではなく、山と森と川と里と海とが一体になった新しい生き方を模索することだろ

うと思う。このことを流域全体の暮らしのなかに位置づけてみたときに、流域の全体を思い描きながら自らの位置を定めて生きるという生き方を、これからは山や里や都市に住むという場の違いを超えて皆がひとしく引き受けていく自覚が大切になるのではないか。」(湯川、2008、p.36)

このような自覚を促しながら、「流域自治」につなげていくことが、フィールドミュージアム事業の試行錯誤になる。それは自治体行政の自治と住民の自治とを重ねあわせ、コミュニティを基盤にしながら、コミュニティを越えて、風通し良く流域の人間関係をつなげていくための試行錯誤である。

4.3　地域を磨き、流域を磨く

「阿賀野川え〜とこだ！憲章」は、地域を愛する人が地域の未来をつくることが流域自治だと宣言する。阿賀野川流域には、すでに地域の助け合いや地域の自立など、独自の方向性を描き出す動きが重ねられてきていた。水辺に親しみ遊ぶ体験や川の清掃活動を推進する活動、渡り鳥の飛来する湿地の自然と文化を守り伝えようという活動、荒れた里山・山林を手入れし、あるいは暮らしそのものの魅力を伝えていく活動など、未来を描く自治の動きは、流域のNPOを中心に個別に展開されてきた。

フィールドミュージアム事業は、こうした動きをネットワーク化しながら、阿賀野川の流域自治を自覚化させる可能性を持っている。新潟水俣病の教訓は一つではない。過ちを繰り返さないこと、被害から目をそらさないこと、環境汚染を防ぐことなど多面的に引き出すことができる。そこには、流域の開発がもたらした影響を省察し、地域が内発的な力を発揮していくことの重要性も含まれるだろう。地域のなかで自然と結びついてくらしてきた人が新潟水俣病の被害をうけたのだから、地域の暮らしや自然環境への関心は、当然、新潟水俣病の教訓とつながっていく。地域を愛し、地域の未来をつくる個々の動きを縦糸とし、それらを阿賀野川という横糸でつなぐことで、流域社会がみえてくる。そこに、新潟水俣病も編みこまれていくことが期待される。

また、流域社会を形成しようというフィールドミュージアム事業は、人と人をつなぐプロセスにかかわるものであり、新潟水俣病患者への福祉支援のように行政が得意とする政策立案とは異なる性格を持っている。だからこそ事業がNPOに委託されているのだが、新潟県担当者は事業を丸投げせずに、細やかにこの事業にかかわっていた。流域の人と人をつなげ、流域としての意識をつなげる事業においては、上から目線の啓蒙・啓発ではない対話が必要になる。

　少人数で「思い思いのことを、膝を突き合わせて語り合う」ための「ロバダン！」（新潟県資料）は、対話を通して、フィールドミュージアム事業のイベント・祭りを地域住民とともに実施する可能性を模索する場である。それは、地域を磨いてきた人びとと共に流域を磨いていくための契機であり、環境学習を軸にしたフィールドミュージアム事業を応援する人びとを増やしていく「出会いの場」になる、という手ごたえも感じられるようになってきた。

　阿賀野川は流域として可能性に満ちている。阿賀野川をさかのぼると、源流の一つに尾瀬があり、阿賀野川を下って海の向こうに佐渡がある。尾瀬は自然保護の源流といえる場所であり、佐渡はトキの野生復帰を試みる地域再生の島である。その間をつなぐ血管として阿賀野川を位置づけ、川とともに生きてきた人々の歴史や文化、流域社会の文化というものを創造できないだろうか。未来の発見の模索は、流域を流域として磨くことの模索でもあるからだ。

5. フィールドミュージアムを模索する感性

　中山間地域、農村地域、都市地域をつないで流れる川の流域を一つの流域社会としてデザインすることは、治水や利水、河川空間の利用、川の暮らしや文化など、川が育んできた有機的なつながりを新たな形で生み出すことである。阿賀野川流域では、新潟水俣病問題を含めて、この川の個性的な相貌を生かし育てる流域社会をデザインすることを試みている。自治体の自治と住民（あるいは市民）の自治を流域としてつなぎ、ふるさとの環境づくり宣

言の意図を実現させるためにフィールドミュージアム事業がある。

　阿賀野川流域におけるフィールドミュージアム構想は、未来に向けて新潟水俣病を公害の悲惨と差別・偏見の問題に凍結させない意思である。未来に向けて被害者の社会環境を変え、被害者の語りを変えていこうとする感性は、開発の近現代史に抗って、森川海と暮らしとの一体性を復権させようと模索する。新潟水俣病が暗い影を落とした地域の絆を、人と人、地域と地域がつながるネットワークの森を創造することで紡ぎ直そうとする。

　ここでは、現在は常に過去と未来につながっている。外部化された記憶装置に新潟水俣病の記憶を委ねずに未来を描く感性、希望を語る感性[12]こそが、フィールドミュージアム構想の行方を差し示すのだ。

注

1　宮本監修（2008）では、大気汚染に苦しんだ四日市の都市政策を地域再生や環境再生へと軌道修正するための政策的文脈が強調される。他方で、自治体行政の具体的問題解決のための動きを主軸とする水俣市では、被害者や市民の間の「もやい直し」を進めるなかで、地域再生や環境再生という回路が開かれてきた。同様に、フィールドミュージアム事業を地域住民の途切れた"絆"を取り戻すための戦略的な手段として、流域全体の地域再生や環境再生を位置づける。

2　異なるのは資料館の展示手法である。水俣病のような公害の場合、概して被爆経験のように焼け焦げた衣類、高熱でとけた瓶、抜け落ちた髪の毛など、モノそれ自体に被害の記憶を語らせることが難しく、写真や報道映像の展示が主となる。

3　2004年にケルン大聖堂が危機遺産リストに登録されたのは、都市再開発で高層ビル建設が計画されたからである（2006年解除）。日本でも2006年に原爆ドーム周辺の開発によって危機遺産になることが懸念されるなど、景観の変化は都市部の世界遺産にとって大きな問題になってきた。

4　結果に呑みこまれ、結果から排除・消去され、あるいは結果のなかに価値として変形される「不在化された関係のプロセス」に注目したのはバルトである（諸田、1997、pp. 115-116、p.120）。

5　千代章一郎（**本書3章**）が「平和」という概念にみる強固な壁は、ここでいう閉鎖的な額縁であるが、他方で、「平和」概念の再構築を試みる「エコピース」コンセプトは、額縁の創造性を示すものであると解しうる。

6　「らしさ」を創造するダイナミズムについては関（2009a, p. 195）も参照のこと。

7　地域住民にフィールドミュージアム事業を知ってもらい、人材や資源の発掘につなげようという「ロバダン！」（炉端談義の略称）のチラシより。

8 フィールドミュージアムという呼称が聞きなれないという流域住民の声に応えたもので、これにあわせて、阿賀野川流域の環境学習も、2010年3月現在、「えーとこだ！環境学習」といった名称を用い始めた。地元目線のネーミングであるが、ここでは共通概念としてイメージしやすい「フィールドミュージアム」で記述を統一している。
9 2005年4月段階までの新潟水俣病をめぐる動向については、関（2006a）を参照のこと。
10 桑子敏雄（**本書5章**）は新潟県の天王川座談会について論じているが、「ロバダン！」は座談会のような合意形成の場ではない。「ロバダン！」は、ごく少人数で囲炉裏を囲んで雑談する雰囲気を重視した、コミュニケーションの場である。
11 新潟市は県の新潟水俣病福祉手当の財源を分担している。
12 ここでの感性とは、個別であると同時に社会性を帯びた感受力である。したがって、感性とは、第一に、岡田真美子（**本書9章**）における「感じ取る能力」としての感受力である。感性はアナール派の歴史学が示すように歴史的また社会的に変化するのだから、第二に、感性とは、人と人、人と地域といった諸関係のなかで生まれてくる新たな感受力である。第三に、感性とは、理想的な変化の方向性を志向する能動的な感受力である。

参考文献

新井重三、1997、「エコミュージアム実践序論」、日本エコミュージアム研究会編『エコミュージアム・理念と活動―世界と日本の最新事例集』牧野出版。
アーリ、J.、加太宏邦訳、1995、『観光のまなざし―現代社会におけるレジャーと旅行』法政大学出版局（りぶらりあ選書）。
飯島伸子・舩橋晴俊編、2006、『新潟水俣病問題―加害と被害の社会学（新版）』東信堂。
荻野昌弘、2002、「かたちのないものの遺産化」、荻野昌弘編『文化遺産の社会学―ルーヴル博物館から原爆ドームまで』新曜社。
小川伸彦、2002、「モノと記憶の保存」、荻野昌弘編2002『文化遺産の社会学―ルーヴル博物館から原爆ドームまで』新曜社。
ジンメル、G.、北川東子編訳・鈴木直訳、1999、『ジンメル・コレクション』筑摩書房。
関礼子、2003a、『新潟水俣病をめぐる制度・表象・地域』東信堂。
―――、2003b、「生業活動と『かかわりの自然空間』―曖昧で不安定な河川空間をめぐって」『国立歴史民俗博物館研究報告』105、pp.57-87。
―――、2005、「暮らしの中の川―阿賀野川流域千唐仁の生活文化とその変容」『国立歴史民俗博物館研究報告』123、pp.35-48。
―――、2006a、「新潟水俣病の教訓化をめぐる動きと残された課題」、飯島伸子・舩橋晴俊編『新潟水俣病問題―加害と被害の社会学（新版）』東信堂。
―――、2006b、「ヒロシマ、あるいはミナマタを語り語られる心と身体」『感性哲学』

6、pp. 21-36。
————、2007、「自然をめぐる合意の設計」松永澄夫編『環境―設計の思想』東信堂。
————、2009a、「半栽培の『物語』―野生と栽培の『あいだ』にある防風林」、宮内泰介編『半栽培の環境社会学―これからの人と自然』昭和堂。
————、2009b、「環境問題の原点はいま」、関礼子・中澤秀雄・丸山康司・田中求『環境の社会学』有斐閣（有斐閣アルマ）。
新潟水俣病問題に係る懇談会、2008、『新潟水俣病問題に係る懇談会最終提言書―患者とともに生きる支援と福祉のために』。
松下圭一、1994、『戦後政治の歴史と思想』筑摩書房（ちくま学芸文庫）。
宮内泰介、2001、「環境自治のしくみづくり―正当性を組みなおす」、『環境社会学研究』7、pp.56-71。
宮本憲一監修、遠藤宏一・岡田知弘・除本理史編、2008、『環境再生のまちづくり―四日市から考える政策提言』ミネルヴァ書房。
ミル、J. S.、塩尻公明・木村健康訳、1971、『自由論』岩波書店（岩波文庫）。
諸田和治、1997、「ロラン・バルト―意味の解体と創造」、ロラン・バルト、宗左近・諸田和治訳、伊藤俊治図版監修『エッフェル塔』筑摩書房（ちくま学芸文庫）。
バード、I. B.、高梨健吉訳、2000『日本奥地紀行』平凡社（平凡社ライブラリー）。
リースマン、D.、加藤秀俊訳、1964、『孤独な群衆』みすず書房。
湯川洋司、2008、「流域の暮らしと民俗」、『日本の民俗2　山と川』吉川弘文館。

追記：本章は科研費基盤研究（C）19530471「自然環境を媒介とした共同性構築過程に関する研究―人と自然の関係誌を読み解く―」（平成19〜22年度）の研究成果の一部である。本章は基本的に2009年10月脱稿段階に基づく記述・分析である。新潟水俣病の問題状況やフィールドミュージアム事業の方向性は、その後も大きく動いているが、その状況の分析や評価は、別稿（関礼子、2011、『『政治解決』以降の新潟水俣病―地方自治体の当事者化と流域自治の模索』『東海社会学会年報』3、pp.26-35）にゆずることとしたい。

第5章

川づくりの感性・制度・技術

桑子敏雄

加茂湖から天王川河口方面を望むフィールドワーク
天王川再生事業では、地域の人々とともに地域空間の体験を共有したうえでの議論を大切にした。

本章の概要

　感性とフィールドの問題を人間の「身体的配置による感性的差異」の概念から考察する。感性的差異に由来する意見の違いが空間再編行為での対立となる事例として、新潟県が佐渡島で行っている天王川自然再生事業を取り上げ、合意形成プロセスの構築に対する阻害要因として、感性的多様性に対する行政的合理性および知識・技術的合理性の対立構造を考察する。この対立構造を克服するための「天王川水辺づくり座談会」ルールについて検討を行い、感性的経験と合理的制約との調整を組み立てることの必要性について論じる。

1. 感性と合理性の競合

　感性とは、環境と身体的自己との関わりを覚知する能力である。身体的自己は、自己の身体が時空的配置のうちにあることを意識する。自己に与えられた配置の地点から世界を知覚するとき、その知覚は、配置された身体の視点へと現象する。言い換えれば、世界の見え方、すなわち、風景への視点と視線は、身体の配置によって制約されている。

　身体は、地球の表面上の空間に配置をもっているので、それ自体が空間的な存在である。人類は、その誕生以来、環境としての空間への働きかけによって、生存のための環境を変えてきた。と同時に、身体を含む空間の再編は、必然的に身体自体の改変へと影響する。空間知覚という認識行為と空間改変という身体行為は相互に関係している。

　感性は、環境と自己の認識的・行為的経験の根幹に位置する。感性とフィールドの関係を論じようとするとき、認識的な契機だけでなく、行為的な契機も忘れてはならない。本章での課題は、両者を含む感性的経験と環境の関係を論じることである。

　とくに集中的に論じるのは、「身体的配置による感性的差異」の概念である。多様な感性経験から空間に対する評価の差異の発生が空間の改変についての意見の多様性と対立につながるという点について考察する。

　身体的配置による感性的認識・行為と対照的なのは、こうした身体的配置を捨象することよって成立する認識である。多様な感性認識の拘束を受けな

い概念的・理論的な空間評価と再編の論理がそこに成立する。概念的・論理的で無矛盾であることがその根本特性である認識・行為は、その制約条件が合理性である。

　空間認識と空間再編行為を感性とフィールドの観点から論じるために、ここでは、河川空間の整備を例にとることにしよう。人間は水とのかかわりのなかで生存し、また歴史を形成してきた。河川は、感性と合理性のせめぎあう空間でもある。

　河川整備のような社会基盤整備は、感性的差異による対立が生じやすい。というのは、そこには、人びとが居住し、また生活しているからである。すなわち、そこは、居住・生活空間である。だが、河川整備では、行政的合理性および学問的・技術的合理性が介入し、しばしば複雑な対抗関係が発生する。河川をめぐる合意形成の難しさは、こうした要素の絡み合いのなかで発生している。

　では、その複雑な対抗関係を整理し、問題解決に至るためには、感性と合理性の関係をどのように捉えればよいのだろうか。本章では、感性的差異に関する若干の考察を行いつつ、佐渡島で行っている天王川再生事業を事例に、感性と合理性の競合の状況とその解決法について論じてみよう。

2. 感性的経験と環境

　バラの花を見て、美しいと感じるとき、美しいのは、バラの花である。では、「美しい」という形容詞で表現される性質は、バラの属性であろうか。バラは、それ自体で美しいのだろうか。

　このバラの直径が10cmであるというのと同じように、「美」と名付けられる属性がこの花に属しているのだろうか。このバラは、だれが測っても10cmである。しかし、このバラは、だれが見ても同じように美しいというわけではない。美しいと思うかどうかは、それを見る人によって異なる。人それぞれに好みというものがある。

　バラは品種改良を重ねられているが、品種ごとに、どれが美しいかの判断

も違う。わたしが美しいと思うこの深紅の花のことをあなたはそれほど美しいとは思わず、むしろ、クリーム色の清楚なほうを美しいというかもしれない。そう思ったとしても、他の人の意見は正しくないということはできない。バラが美しいかどうかは、人がバラを美しいと感じるかどうかに依存している。「このバラは美しい」ということは、「このバラをわたしは美しいと感じる」ということを意味している。美しいと感じるのは、バラと人の間に、なんらかの関係が成立しているからである。

バラとわたしとの関係は、バラがわたしの視野にほどよい大きさで立ち現れているということと深く関係している。もしもバラが富士山のような大きさであったなら、わたしはバラをどのように感じるだろうか。

宇宙的な規模で見るならば、人間は、地球という球体の天体のごく薄い表面上の空間を環境としている。バラもまた、同じ空間を環境として進化してきた存在である。バラとわたしを包む環境としての空間が、わたしの身体のサイズとバラのサイズとで「美しい」という思いを生み出す基盤として存在している。

目を広大な渓谷に向けるならば、あるいは、その向こうの山並みを見やるならば、山河は、わたしの身体サイズとの関係で、雄大であったり、神秘的であったりする。「雄大」や「神秘」といった感性的な評価もまた、わたしと、あるいは、わたし以外の個々の人間と対象との関係のうちで成立する。

感性的な評価は、対象と身体的自己の関係のうちで生成すると述べた。人間は、いつかどこかでその生を得て、成長し、年齢を重ね、やがて死ぬ。誰一人として生を受けることを選択することはできない。誕生を選択することができないということは、どこで生まれるか、そして、いつ生まれるかということを選択することができないということを意味している。生まれつきの身体的な条件や精神的な能力もまた、選択の範囲の外側に位置する。生まれたばかりの時点での表情や知能も選択の対象ではない。すべての人間は、自己の選択の外にある条件によって、存在し、それぞれの身体的条件のもとで環境と出会う。この出会いもまた、選択というよりも、与えられること（所与）である。

一人ひとりの身体的条件（身体がいつ、どこで、どのような特質で生を受けたか）が異なるのであるから、それぞれの人が環境内の対象との関係を異なって感じるのも当然である。一人ひとり異なる生の軌跡は、それぞれの感性的な判断の理由を制約する。バラを美しいと思うかどうかは、どのような環境に育ったかに依存するであろう。山と渓谷に親しんで育った人間と都市のなかで生を受けた人間とでは、渓谷や山並みの感じ方が異なることも当然であろう。感性的判断は、それぞれの身体と空間との関係によって、同じ対象に対しても異なった感じ方を生み出す。身体的配置の差異によって生じる感性的判断の違いを「配置による感性的差異」と呼ぼう。

　人間と人間が何らかの感性的な判断の対象とする事物は、その両方を包み込む環境としての空間のうちに存在する。また、人は、ある時点で誕生するのであるから、時間的な存在でもある。そこで、感性は時空的な制約を受けている。感性が身体とともに存在するということが、対象の対立的な評価の根源に位置している。身体性は、感性的差異の根拠である。

　同じ一つのものの評価における意見の対立を解決することの難しさは、いま述べてきたように、感性的差異が存在するからである。感性は、一人ひとりの身体的配置と空間構造によって差異化され、また、個別化されている。感性的認識をもつ人間と対象との関係は、つねに両者をつつむ環境の「どこで・いつ」によって規制される。時空的制約は、感性的認識が逃れることのできない宿命である。わたしたちは、この環境としての空間構造を捨象して、対象の感性的な特性を捉えようとするかもしれない。しかし、それは、感性のもつ身体性を抽象化し、一般化することである。身体性の抽象化、一般化は、身体の本質における配置を喪失する。

　では、対象評価における対立は、感性レベルだけで発生するのだろうか。意見の対立の問題を環境の改善をめざす人間の活動を例に論じてみよう。ここで論じたいのは、意見の対立が対象を改善するための活動を制約する技術と制度からも発生するということである。すなわち、人と人との対立は、たんに感性的価値判断の対立だけではなく、制度化された合理性および技術的合理性からも発生する。

3. 天王川再生事業

　環境改善活動にかかわる感性的判断と制度および技術の関係を考察するために、佐渡島で新潟県が行っている天王川再生事業を例にとってみよう。新潟県佐渡島では、島内最大の湖、加茂湖に注ぐ天王川の自然再生事業が新潟県によって進められている。多自然川づくりとして進められるこの事業では、事業主体の新潟県と専門家のアドバイザリー会議、それに一般市民・地域住民の参加による水辺づくり座談会が中心的な役割を果たしている。

　わたしは、座談会の進行役として、現地をフィールドに、平成20年3月から事業に携わっている。その過程で認識したのは、同じ河川に対する視点と評価が河川にかかわる人々の身体的配置の点から対立を内包しているということである。徹底的な話し合いによって対立を解決する合意形成プロセスの構築は、こうした身体的配置と対象の評価という観点ぬきに語ることはできない。

　環境のなかの様々な事物が感性的な判断の対象となるとき、同じ時代に生まれ、同じ土地に育っても、川に対する見方は異なっており、また時に対立する。川の上流と下流、右岸と左岸に生まれ、また生活する人々では、同じ川に対する感じ方、態度が異なる。河川は、水という、人間の生存にとって不可欠な物質の供給源である。ところが、河川の水は、つねに適量が供給されているわけではない。時には過剰に流れ、時には不足する。川の美しい風景も、その背後には、洪水と渇水のリスクが潜んでいる。

山で大雨が降ると、川は増水する。川に狭窄部があれば、その上流が洪水となる。狭窄部は、いわば治水ダムの役割をするので、上流部が洪水になれば、下流部の増水は緩和される。だから、上流部の人々は、狭窄部を開削し、流れの量が多くなることを求める。だが、そうすると、水は止められずに流下するので、下流部で洪水のリスクが増加する。このことが狭窄部の開削に下流の人々が反対する理由である。川を見る目は、上流と下流では、対立関係になる。

右岸と左岸も同様である。水位が上がり、堤防のどちらかが決壊すれば、他方は洪水を免れる。対岸が切れれば、水は向こうに溢れるので、こちらの人々は胸をなで下ろす。だから、右岸と左岸に生活する人々の利害は対立関係にある。対岸の村には、娘を嫁にやらないというようなことは、こうしたことに由来する。

　異常気象のもとでのゲリラ豪雨では、人知で洪水を河川に封じ込めることは不可能であると考えられるようになった。むしろ、溢れさせる治水ということも言われている。コンクリートで固めた堤防の建設を快く思わない人々は、溢れさせる治水の効力を説く。しかし、溢れてもいいと思う人々は、川のそばに暮らす人びとではなく、丘の上に家をもっている人々である。ここでもまた、同じ川に対する感じ方が異なっている。

　河川という対象とそれを包む空間のなかで人々は暮らしているから、空間のなかでの河川と自己の身体的存在との関係について感じ取り方は、人さまざまである。感性的判断が多様で、しばしば対立するのは、配置による感性的差異に由来している。

　上下流、右岸・左岸が対立するということの意味は、それぞれの地域に住む人々の川に対する態度が異なるということである。地域に住むということは、特定空間に恒常的に身体を置くということである。その特定空間が生命と財産の拠点となり、同時に、その拠点が周囲の空間を眺望する視点となる。その視点から見れば、川が家のすぐそばを流れるのか、あるいは、丘を下ったところを流れるのかの違いが現れる。そうすると、川のもつリスクに対する評価も違ってくる。

　さて、佐渡市を流れる天王川は、戦後、過去の洪水の経験から、対策として河川改修が行われた。河道は付け替えられ、直線化され、またコンクリート護岸で固められた。すべてではないが、河床がコンクリートになっている場所もある。いわゆる三面張りの河川改修は、洪水対策のため、治水のためである。治水とは、一般に洪水から地域の人々の生命と財産を守ることを目的とすると考えられている。

　天王川の改修が進められるのと平行して、加茂湖の護岸整備も進められた。

汽水湖である加茂湖の湖岸には水田があり、そこに潮がかかるのを防ぐことを目的として、広大な葦原を取り払い、矢板コンクリート護岸で周囲を固めたのである。災害対策と称する公共事業が豊かな自然を奪った好事例である。

だが、人間の生命と財産を守るための整備は、同時に、そこに生息する生物たちの生活の場を奪う事業でもあった。水田を守るための工事が湖畔に広がっていた葦原を消失させ、魚介類の産卵場や生息場所を奪った。湖の環境悪化は、カキの養殖にも影響を与えた。要するに、特定目的の公共事業の副産物は地域資源の枯渇という問題を引き起こしたのである。農地の保全は、農林水産省農の補助事業であったが、この事業は、水産資源への配慮を欠いたまま実行され、葦原は失われた。

公共事業は、行政と地元の人々との深い対立の原因になった。対立は、たんに地域に居住する人々の感性的判断の間の衝突ではないという点が重要である。この対立は、法制度や行政システムにもとづいた事業推進が地域の価値判断と衝突したという事態である。地元の人々の間の対立ではなく、合理的に計画されたはずの事業が地元の利害と衝突したからである。行政的合理性と地域の感性的価値との衝突だったということもできる。

さらに、技術の問題も介在していた。行政システムにおいて合理的であると判断された湖岸の農地保全事業に用いられたのは、矢板コンクリート護岸という土木技術であった。天王川のコンクリート三面張りもまた、治水という目的を実現するための技術の行使であり、この技術の行使は、同時に、豊かな生態系を破壊するものであった。ただし、生態系の破壊ということは、技術の目的に含まれていたわけではない。ただ、生態系の保全という目的がこの技術には含まれていなかったのである。治水という河川改修行政という制度的制約とそれを実現するための技術行使が結果として豊かな生態系の破壊という事態を引き起こした。

行政システムの問題でいえば、天王川再生のための話し合いの場、天王川水辺づくり座談会で、人々の議論が最初にぶつかったのは、加茂湖の行政システムの問題であった。加茂湖漁業協働組合の人々から発せられたのは、中流部の工事による土砂の流入が加茂湖に悪影響を与えるのではないかという

発言であった。すなわち、天王川再生は加茂湖を犠牲にして行ってはならないという意見であった。地域住民の観点からいえば、天王川と加茂湖を一体とする再生は、合理的な主張である。しかし、それが行政的な合理性からいうと、それが簡単に受容されるとはかぎらない。天王川再生のうちに加茂湖再生を単純に含めることができるかといえば、これは難しい課題であった。というのは、天王川は行政的に新潟県の管轄になっているのに対し、加茂湖は佐渡市の管轄になっていたからである。国からの補助金で環境再生型の河川整備を行うということで進められている事業であるから、河川区域以外の地域を含めることはできない。新潟県からは単純に河川再生のなかに加茂湖を含めることはできなかったのである。

　天王川と加茂湖の歴史には、過去の公共事業をめぐる漁協と行政との長い対立関係が存在した。意見の理由には、多様な来歴があり、来歴の絡み合いのなかで、参加者の意見が形成されていたのである。

　座談会での話し合いは、この対立をどう克服するかという課題に応えるものでなければならなかった。その解決法は、天王川再生と加茂湖の再生を一体として行うということであった。だが、問題は複雑であった。なぜなら、すでに述べたように、天王川は河川区域で新潟県の管轄であるが、加茂湖は河川区域には行政的に組み入れられておらず、佐渡市の管轄だからである。したがって、河川の再生事業として、加茂湖再生を行うことは、不可能である。行政的・制度的制約を超えなければならない。

　ただ、市民参加・住民参加のもっとも重要な意義は、行政的な制約を考慮しない発言が可能だということである。もちろん、行政がそこで「制度的にできない」と答えてしまうことは容易である。しかし、行政的な区分は、人間が取り決めでつくったものであり、取り決めをなんらかの形で変更すれば、問題は解決できるのである。

　なぜ住民は行政的な制約を考慮しない発言をするのだろうか。それは、端的には、行政的な区分を地域の景観から読み取ることは、簡単にはできないからである。それは言語で説明されてはじめて分かるのである。すなわち、感性的な経験から捉えるならば、天王川と加茂湖は連続性をもっていて、切

図1　第4回天王川水辺づくり座談会ポスター

天王川再生では、地域住民主体の再生計画案づくりが進められた。

り離すことができない。

　天王川の再生を進めるプロジェクト・チームの解決法は、天王川と加茂湖を連続的に再生するための話し合いの場を形成するということであった。行政は、この場に関係者として出席し、相互のコミュニケーションを図る。天王川と加茂湖の連続性こそ、空間とそこに配置された多様な事物、河川や湖岸、そこに生育する動植物を知覚し、評価するもっとも重要な基盤だからである。

　こうして、加茂湖と天王川を含む流域空間を包括的に再生するという方向が定まった。だが、この流域全体の包括的再生という点については、すでに述べたように、上下流、右岸・左岸という潜在的な対立構造の克服が前提されていた。天王川座談会の合意形成プロセスは、こうした対立構造をそのつどの話し合いのなかで捉えながら、進めるという方向をとったのである。

　座談会では、中流部の整備に先立ち、土砂の流出を抑えるために、現地見学会を開催し、天王川の河口部と加茂湖でただ一カ所良好な生態系が残る貝喰川とを比較検討した。話し合いでは、参加者から多様な視点から意見が出され、中流部の土砂流出を抑えるための施設の可能性について、いくつかの案がまとめられた。そのうち、もっとも実現性の高い案は、天王川河口部右岸での内湖形成と左岸部に位置する佐渡市のビオトープを連結して、自然豊かな河口部をつくるということであった。何回かの話し合いを通じて、河口部の整備について、総論的な合意が成立したのである。

　新潟県では、総論的合意という、座談会の成果を受けて、河口部の図面をつくり、これを住民・市民と現場で議論するために、現地見学会を行った。ところが、参加者のなかから異論が出た。

　天王川は、長い間の土砂の流出と河口部の堆積により、河口部の流れが悪くなっている。これを放置して、さらに、内湖を形成するとなると、治水上の危険度が増すのではないかという指摘であった。また、内湖と連続して形成しようとするビオトープについては、佐渡市が管理しているが、整備した場所は、葦が生い茂っていた。これを環境教育に活かすべきだという意見もあったが、水の浄化機能を果たしているから手を入れるべきではない、とい

図2　中流部イメージパース図
中流部の再生では、住民の意見をもとにイメージパース図を作成した。(財) リバーフロント整備センター提供。

う意見が対立した。

　総論的な部分では反対意見はなかったのであるが、具体的な設計・施工の段階になると、その影響が気になってくる。異論を出したのは、下流部でしかも低平地に住む人々であった。かれらは、過去に水害の被害を受けており、その経験から、河口部の整備に対して懸念を表明したのである。

　結局、内湖については整備の合意が成立し、またビオトープについては、議論を深めていくという形での合意が成立した。この合意形成プロセスで、わたしが認識したのは、河川空間では、上下流、右岸・左岸と並んで、河岸段丘の上と下、つまり丘の上と丘の下では、河川に対する感じ方、考え方、態度が異なるということであった。丘上の人々は、大雨が降っても洪水になる危険は少ない。これに対し、川のそばに住む人々は、洪水の高いリスクに

さらされている。「川は恐ろしい」という認識のレベルが違うのである。これは、両者の居住環境としての身体の配置の違いによって生じていると考えることができる。

4. コミュニケーション空間のデザイン

　同じ河川に対して多様な意見が存在する。詳しく言えば、上下流、右岸・左岸、河岸段丘上・段丘下で川に対する態度が対立する。同じ空間に暮らしながら、身体の配置が異なることで、川の見え方や川のリスクに対する感じ方が異なっている。

　このような対立をさらに難しくしているのが、行政的プロセスによる空間の区分と施策の推進およびそれに付随する技術の問題である。行政的区分の成立については、必ずしも合理的であるとは限らないが、区分が成立した以上、行政プロセスは合理的でなければならない。少なくとも矛盾があってはならず、公共性としての公平性を担保しなければならない。また、この意味での合理性を維持していなければならない。行政的条件の上で対象を知覚し行為する行政担当者は、与えられた職務権限のもとで河川や湖沼を見る。すなわち、合理的条件の制約下で対象を知覚するのである。加茂湖が河川区域に入っていなければ事業対象として見なすことはできない。

　すでに述べたように、過去の河川整備・湖沼の護岸整備は、自然を破壊したが、だからといって、自然破壊を目的としていたというわけではなかった。そうではなく、自然保護を目的のなかに含んでおらず、むしろ背後の市街地の洪水対策や農地保護という目的の実現の付随的な効果として豊かな自然を破壊したのである。言い換えれば、洪水対策や農地保護という目的に沿った合理的な事業とそれを実現する技術の行使という、二つの合理性によって、自然は崩壊した。この事業を考慮するならば、自然再生のための合意形成プロセスを構築するためには、同一空間内の対象に対する感性的認識の対立構造を把握すると同時に、立場を拘束する制度的合理性や技術的合理性の制約をも考慮しなければならないということが分かる。すると、問題は、こうし

た感性的認識、制度的合理性、技術的合理性が錯綜するコミュニケーション空間をどのように構築するかということである。天王川再生事業は、これをつぎのような構造によって克服しようとしている。

まず、事業者としての新潟県がもっとも重視するのは、住民・市民の参加する「座談会」である。座談会の特色は、「天王川水辺づくり座談会のルール」がよく示している。

1. 座談会の議論と合意にもとづいて県は事業を進めます
2. 座談会は、だれもが自由に参加し、発言できる話し合いの場です
3. 座談会では、地域の将来を、みんなで建設的に話し合います
4. 地域の幅広い意見を聴き、その意見を座談会の議論に反映させます
5. 専門家から専門的なアドバイスを受け、座談会の議論に反映させます

この５項目から構成されるルールは、上記の課題に応えるものになっている。すなわち、もっとも重要なのは、行政的合理性に、だれもが参加できる座談会の議論と合意にもとづいて事業を進めるという観点を包括した点である。座談会では、天王川を取り囲む多様な住民が参加する。そこで議論されるのは、身体的配置にもとづく感性的差異をもつ意見であり、住民どうしの意見も異なる。上下流、右岸・左岸、そして、最下流の加茂湖の関係者の配置のなかで議論が行われる。特に注意すべき点は、最下流は、河川整備の影響をもっとも受ける人々だということである。上流が洪水を回避するような工事を行えば、その影響は下流が受けるからである。たとえ環境再生の事業であっても、その工事は下流の状況に影響する。したがって、最下流の人々がもっともネガティブな意見をもちやすい。

多様な感性的差異の存在を許容し、また包摂する天王川の再生プロセスは、最下流の加茂湖への配慮から着手することになった。中流部の工事による土砂流出を抑えるための河口部内湖の形成によって、下流部の視点への配慮を行った。と同時に、天王川と加茂湖の包括的再生に向けたしくみづくりを推進した。行政的な制約のもとにある河川区域としての天王川と河川区域に含

まれていない加茂湖を一体とする再生の推進である。これを推進するための話し合いの場の創出が座談会で求められたのを機に、加茂湖水系再生研究所が組織された。研究所は、市民と研究者が中心となり、行政のサポートのもとで、加茂湖水系（天王川を含む）全体の再生を議論するための場を提供する。研究所は、こうして、行政的制約を超越し、また、地域住民の配置による差異を克服する機能をも果たすことになる。

　座談会ルールの２は、だれもが参加できることを保証することで、特定地域の意見だけで議論が進むことを抑止する。身体の配置による差異を参加者全員が克服するための議論の場として位置づけられる。ただ、このことを実際の議論のなかで実現することは、相当難しい。というのは、発言する人々は、つねに自分が特定の配置に立って発言していることに自分自身では気づいていないことが多いからである。こうした発言は、立場の違いになって住民どうしの対立関係へと発展する。時として、批判や非難の応酬となり、問題解決に向けた議論に向かいにくい。対立する住民どうしが議論しない場合には、意見は、行政に対する非難あるいは陳情という形をとる。事業の推進を批判・非難するか、早期実現を陳情するかのいずれかである。こうなると、建設的な議論の場は失われる。重要なのは、ルール３にあるように、議論の場を建設的な場にするということである。そのためのコミュニケーション空間の設計において、座談会は、つねに車座で行う。机や椅子を用いず、シートを敷くか、あるいは、畳の部屋を用いる。このような空間デザインは、着座の位置を流動化することで、上下流、右岸・左岸などの日常的身体配置を相対化することを目的としている。

　ただ、開かれた場での議論では、人は、自分の利益を損なうような発言はしないだけでなく、時には、自分の利害を主張することを回避しようとすることもある。自らの配置にもとづく判断は、自己中心的な意見とみなされるからである。そこで、そういった人々は、開かれた場での議論に参加することを避けるようになる。そこでルール４が重要になる。「地域の幅広い意見を聴き、その意見を座談会の議論に反映させます」というルールでの「地域」とは、身体的配置によって特徴づけられる地域である。上下流、右岸・左岸、

	平成19年度	平成20年度			平成21年度		
座談会	第1回座談会 H20.3.22（土）・現地見学実施	第2回座談会 H20.5.24（土）・目標とする水辺再生イメージ決定	第3回座談会 H20.9.14（日）・水辺づくりは、河口部から実施することが決定	第4回座談会 H21.1.18（日）・水辺づくりは、治水・環境面の両方を考慮して検討を行う。	第5回座談会 H21.5.21（木）・河口部の浚渫工事の実施についての合意。	第6回座談会 H21.8.10（月）・導流堤及び内湖の設計を進めること。次回は中流部の話合いを行うこと。	第7回座談会 H21.10.12（月）・トキの状況を見ながら、今後の進め方を検討するものとする。
アドバイザリー	第1回アドバイザリー会議 H20.1.23（水）	第1回アドバイザリー専門会議 H20.7.11（金）	第2回アドバイザリー専門会議 H21.3.26（木）				第2回アドバイザリー専門会議 H21.12.25（金）

図3　水辺づくり座談会とアドバイザリー会議

住民の議論と専門家のアドバイスのプロセスをうまく組み合わせた進行を行った

　丘上・丘下では、それぞれの利害が異なる。そこで、こうした多様な地域の利害をきちんと受け止める体制をとる。これは、隠れた利害を見逃さないためであり、開かれた場である座談会への出席を忌避している可能性を見極め、また、その理由・根拠をつかむためである。ただ、これらの意見について、事業者は、あくまで聴くことを主としている。重要な点は、座談会での開かれた議論にもとづき、事業を進めることである。

　さらに、専門家の意見を聴くアドバイザリー会議が技術的合理性にもとづいた見解を示す。このことを示すのがルール5である。ここでは、河川や生態系の専門家が座談会で示された方向について技術的な検討を行う。ただ、重要なのは、合意形成において、技術的合理性だけで事業は進まないということである。すなわち、地域空間の多様な感性的判断を配慮した合理性でなければならないのである。この意味で、専門家は、感性的多様性を踏まえた

議論を行う。

　以上のように、天王川水辺づくり座談会は、配置による感性的差異、行政的合理性、技術的合理性といった制約を克服するための開かれた議論の場として設置されている。感性と合理性を統合するコミュニケーション空間である。

5. 天王川座談会の意義

　天王川座談会のもつ意義は、身体配置に根ざす人びとの生活環境を基礎にして、再生すべき空間について配置による感性的評価の差異を押さえ、これを大切にしながら、行政的合理性と技術的合理性の調和する地点をさぐるというプロセスを構築しているということである。このプロセスが重要なのは、事業に対する地域のニーズを認識するということが事業の推進についての説明責任の中核に位置するからである。地域の望まない事業を推進するということになれば、その地域よりも広域的な視点での社会的ニーズによって説明を組み立てるか、あるいは、行政的、技術的必然性によって事業を開始、進行することになる。

　天王川のプロセスの意義を理解するためには、通常行われている事業プロセスと比較するとよい。長い間眠っていた建設計画が行政の都合によって目を覚まし、地域の人々を驚愕させ、反対運動に火をつけるといったプロセスである。すなわち、行政的合理性が先行し、御用学者による御用会議が示す学問的合理性・技術的合理性とともに地域空間を改変する作業を進めるという事態である。ダム建設や道路建設などで、このような事例が見られる。たとえば、筑後川水系城原川に計画された城原川ダムの問題がある。福岡県と佐賀県の県境に位置する脊振山に水源を発し、城原川渓谷を下って、佐賀平野に出る城原川流域は、上中下流のそれぞれに特徴のある地域である。ダムの問題では、上流の人々は、ふるさとを下流の人々のためにふるさとを水に沈め、下流の人々はダムの恩恵を受ける、というのが治水計画のもとでの利害である。これは行政的合理性による判断であった。ところが、城原川では、平野部の人々のなかにダム不要論を唱える人々がいた。

ダムは不要だと主張していたのは、大雨で城原川が増水しても、水害にならないような装置が流域に仕組んであることを肌で感じていた人びとである。野越といわれる越流堤・霞堤によって増水した水は、堤内へとあふれ出る。水路あるいは水田に流れ落ちた水は、クリークに広がり、やがて、有明海へと注ぐ。

　実は、佐賀平野の空間は、長い水とのつきあいの歴史のなかで形成されてきた。洪水をクリークに貯めて渇水に備えるための治水・利水の総合的なシステムであり、その空間形成に江戸時代初期の成富兵庫茂安が大きな貢献をした。しかし、地域の人々は、日常的な生活空間に潜むそのような空間構造のことをさほど意識せずに、ただ、自らの生活空間での身体の配置から水の流れを捉え、城原川流域の空間構造についての評価をしてきたのである。

　城原川ダム建設計画が再燃したとき、行政は、こうした地域の人々の空間意識を捉えるところから事業を始めたわけではない。行政責任者が三十年以上も前の計画の目を覚まさせたとき、行政的合理性は、流量と洪水に関する土木工学的合理性に基づいて、城原川ダム建設の必要性を地域住民に説得しようとした。城原川のプロセスでは、行政的合理性がまず先行し、この合理性を正当化するために学問的・行政的合理性が動員されて、地域の人びとの感性的判断に対して、その優位を主張したのである。このようなプロセスでは、住民合意とは、行政的・技術的判断の合理性を住民に納得してもらう、説得の合理性となる。地域の人びとの間には、その身体的配置による感性判断の差異が存在するから、行政的・技術的合理性は、その差異を利用し、自分の都合のいい側を事業に賛成する人びとと位置づけ、他方、異なった意見をもつ人びとを反対派として位置づけるのである。

　行政的・技術的合理性が先行するプロセスでは、地域の人びとの間にある感性的差異について注目することはなく、また、その違いを克服するための機会をつくることも少ない。実際、住民・市民どうしの意見の違いを克服し、合意をもたらす努力をすることは、従来の行政的合理性の内部には存在しなかったのである。

　そればかりではない。市民の間の意見の差異の克服は、空間を多様な視点

から捉える作業を要求する。この作業で、市民の発言は、空間の行政的区分に基づいてはいないので、しばしば担当者だけでは答えることの困難な問いを発する。行政的合理性のうちには、組織のタテワリに沿った行動様式が存在する、すなわち、他組織と競合すること、あるいは矛盾するような言動をとることは、極力回避しようとするから、行政組織の合理性に即した言動は、しばしば市民感覚と衝突する。行政的合理性は、単独の行政組織の合理的枠組みでは対応できない課題を突きつけられる。行政組織間および行政組織内でのそれぞれの合理的枠組みの間の調整が求められるのである。この調整は、時として行政組織間、行政機関間の競合的関係として合意形成プロセスを要求することになる。実際、社会基盤整備をめぐる合意形成とは、市民と行政との合意形成だけでなく、市民どうし、行政機関どうし、行政機関内部の合意形成が複雑に絡み合ったプロセスである。

　すでに述べたように、天王川の試みは、座談会を基軸に、加茂湖水系再生研究所の設立によって、複数の行政機関の担当者どうしのコミュニケーションを円滑にするという機能をもたらした。座談会での市民どうしの不調和や対立の克服は、行政機関どうしのコミュニケーションによって実現したといってもよい。

6. 感性とフィールド

　身体的配置をもつ存在としての人間は、自らの視点から、自らの視線をもって事物や事態を見る。配置が視点や視線を制約するのである。同一空間に生活しながら、同一事象に対する利害や感情が異なるのも、その対象に対する時空的関係が異なるからである。配置による感性的差異が人びとの間に意見の違いを生み、また、時に対立へと導く。これが感性のフィールドのもっとも基礎的な部分である。これにさまざまな合理的制約が介入し、多様な意見をさらに複雑にする。空間再編にかかわる価値評価や改変行為には、行政的合理性と学問的・科学的合理性のほかに、企業的合理性、すなわち利益を求めるための合理的活動も関係してくるであろう。

空間に生きる存在としての人間は、感性的存在でありかつ、合理的に制度や技術を発展させてきた存在である。どんな人間もいつか、どこかで生まれた存在、すなわち、感性的身体をもった存在として、ある期間、その生を維持する。人それぞれが身体を置いている空間をどのように改変していくかという問いを立てるとき、感性的経験と合理的制約との間の調整をどのように組み立てていくかという課題が生じる。調整を創造的なプロセスとして組み立てることが合意形成プロセスの重要な課題である。

注

　身体と空間については、本書第3章、千代章一郎「都市をめぐるこどもの歴史的感性」を参照。また、感性と時間・歴史との関係については、前掲論文および本書第9章、岡田真美子「古墳と宗教的感性」を参照。また、河川と感性の関係については、本書第4章、関礼子「流域の『自治』をデザインする」を参照。
　本章での筆者の位置は、フィールドでの問題解決の当事者であり、つねに現場に身を置く存在であったということである。しかも、たんなる調査ではなく、地域社会が抱える具体的な問題の解決に従事するプロジェクトのメンバーとなるということであり、また、プロジェクトの方向性を提案する役割、すなわち、プロジェクト・アドバイザーとしての役割を担っているということである。言い換えれば、事業の成否に相応の責任を負っているということである。
　このような活動についての研究は、実践的活動が先行し、その事業と経験について後から理論的な考察を加えるというスタイルとなる。事業そのものは研究のための活動ではないという点が重要である。したがって、ここでいうフィールドとは社会的実践のフィールドであり、同時に、あるいは、その都度の反省の時点で研究のフィールドでもあるということである。もちろん事業主体である行政からは、そうした理論的な観点からのアドバイスも求められている。
　フィールド研究と学問の関係については、本書第10章、佐々木能章「旅の知」の「2.フィールドと学問」を参照。
　また、近代化のプロセスでの合目的性と生活の関係については、土田杏村の哲学を考察した本書第1章、清水正之「生活価値の哲学」を参照のこと。

参考文献

秋道智彌編、2012、『日本の環境思想の基層――人文知からの問い』、岩波書店。
『河川景観の形成と考え方』検討委員会編、2008、『河川景観デザイン――『河川景

観の形成の考え方』の解説と実践』、リバーフロント整備センター。
桑子敏雄、2001、『感性の哲学』、日本放送出版協会。
———、2002、『環境と国土の価値構造』、東信堂。
———、2005、『風景のなかの環境哲学』、東京大学出版会。
———、2009、『空間の履歴　桑子敏雄哲学エッセイ集』、東信堂。
桑子敏雄編、2008、『日本文化の空間学　未来を拓く人文・社会科学シリーズ』、東信堂。
Susskink, Lawrence(edt)/Mackearnan, Sarah/Thomas-Larmer, Jennifer/M, 1999, *The Consensus Building Handbook: A Comparative Guide to Reaching Agreement*, Sage Pubns.
島谷幸宏、2000、『河川環境の保全と復元――多自然川づくりの実際』、鹿島出版会。
多自然川づくり研究会、2011、『多自然川づくりポイントブックⅢ』、発行：公益社団法人 日本河川協会。
西村幸夫編、2012、『風景の思想』、学芸出版。
日本感性工学会感性哲学部会編集委員会編、2005、『感性哲学〈5〉特集：コミュニケーション・デザインの哲学』、東信堂。
日本建築学会編、2009、『生活景』、学芸出版。
リバーフロント整備センター、2001、『川・人・街――川を活かしたまちづくり』、山海堂。

第6章

「いいお産」をめぐる考察
―― 看護のフィールドから ――

谷津　裕子

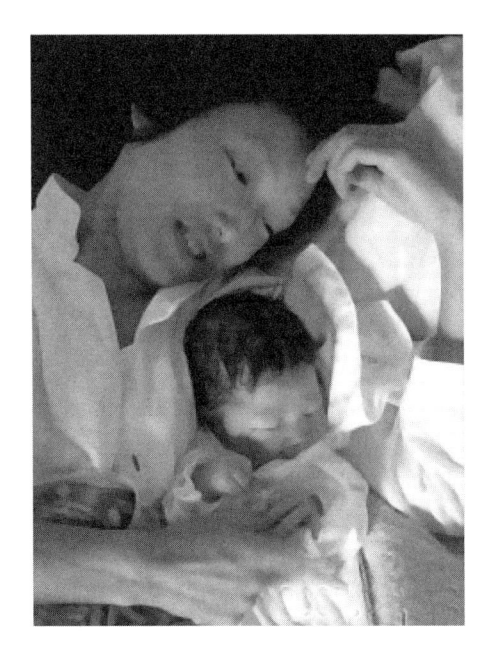

自宅でのお産を終えたばかりの母と子

「とにかくお産に大満足で…"産む力"はさることながら"生まれる力"の
　エネルギーに圧倒され続けたお産でした」

本章の概要

出産事情の変遷とともに、「いいお産」という言葉が含みもつ意味は少しずつ変化している。本章では、「いいお産」の言説にかかわりの深い〈自然性〉・〈主体性〉・〈身体性〉の概念に着目し、「いいお産」という言葉が意味するものについて、女性やパートナー、医療従事者の語りと、彼らを取り巻く出産環境・社会状況から動態的に分析する。そして、「いいお産」という言葉がもつ3つの特徴、すなわち「いいお産」という言葉が女性にもたらす影響の多様性、「いいお産」という言葉に付与される意味の可変性、「いいお産」という言葉の価値付与性をふまえ、「いいお産」がこれまでに示してきたものとこれからについて考察する。

1. 「いいお産」が語られるフィールド

「いいお産」という言葉が気になりだしたのは、今から約10年前にさかのぼる。当時大学院生だった私は、ある総合病院の産科棟をフィールドに選び、多くの女性や助産師にインタビューをさせていただいていた。いつもは女性たちが自身の妊娠や出産の体験を語る、その生き生きとした様子に引き込まれて話を聞いていた。が、彼女たちが「いいお産」という言葉を口にしたときはいつも、私の胸にざわめきが起こるのを感じるのだった。

「いいお産をするために、体作りに励みます」と緊張気味の妊婦や、「いいお産ができて、良かったです！」と満足そうな出産直後の産婦のように、肯定的と思われる文脈でこの言葉を使う女性もいれば、「いいお産ができなかったらどうしよう、一生に傷がついてしまう……」と恐れる妊婦や「私のお産はいいほうでしたか？」と保証を求めてくる産婦、母子が危険な状態になったために緊急帝王切開で事なきを得ても「いいお産ができなかった……」と悔やむ褥婦など、否定的と思われる文脈で「いいお産」を語る女性もいた。

こうした女性たちの反応をみて、「いいお産」は、女性自身の価値観の表現形でありながら同時に他者の目線を含み入れるもの、出産現象という実体をともないつつも期待や可能性といった虚像にとどまるもの、という両義性をもつ言葉であることがうかがえた。また、この言葉に強い思い入れをもち、自尊心やアイデンティティを揺るがされている女性が少なからず存在するこ

とも知った。

　いったい「いいお産」とは何なのだろう。「いいお産」という言葉によって表象される状況とはどのようなもので、いつどのような人々によって用いられ、意味づけられてきたのか。その手がかりを得るため、私は看護学・助産学領域の文献を検討した。

　学術団体・専門職能団体から提出された「いいお産」の定義としては、1986年に全国助産婦学校協議会助産婦教育制度委員会・小委員会が発表した「助産婦教育の到達目標」報告における定義（近藤・竹内・平澤他、1986）が最初で最後の定義、つまり唯一の定義のようだった。この報告書の中では、「産婦にとっていいお産とは、母子ともに安全で身体に組み込まれた自然のメカニズムを十分に機能させて、労力および不快感を最小限にとどめる出産をすること」（p.798）と言及されていた。

　このほか、「いいお産」を構成する下位概念を明らかにした研究（松田・山本・鈴木他、1997；尾崎・松岡・三隅、2001；杉本、2005；常盤・今関・行田他、1998；山本・小松・松田他、1996）では、安全、快適、自然分娩、痛くないお産、リラックスしたお産、夫・家族立会い分娩、個別的で主体的なお産、母乳育児、説明と納得、などが挙げられていた。

　これらの定義や研究を通して、「いいお産」の要件として、母子ともに安全であること、自然のメカニズムを機能させる出産、自然分娩であること、労力や不快感を最小限に抑えた痛くないお産、リラックスしたお産、産婦自身が満足できる出産などが挙げられ、さらに1990年代以降は、夫や家族の立会い分娩であることや主体的な姿勢で臨んだ出産が、「いいお産」の要件に加わったことがうかがえた。

　本章では、これらの下位概念を一つひとつ吟味する仕方ではなく、戦後の日本の出産環境や社会状況を概観し、社会学的な観点から出産の医療化と女性の主体性・身体性の結びつきを論じた松島（2006）の論文や、民族誌学的な観点から出産時の痛みや出産の自然性に付与される文化的意味づけについて論じた田辺（2006；2008）の論文、および谷津（2008）が行った「いいお産」の言説分析のための基礎的考察を手がかりにして、「いいお産」言説と結び

つきの深い〈自然性〉〈主体性〉〈身体性〉の概念と引き寄せながら、「いいお産」という言葉が意味するものについて私見を述べることにする。

2. 「いいお産」と自然性

　2007年2月、私はある調査（堀内・江藤・谷津・藤原、2007）のためスウェーデンにいた。首都ストックホルムで年間2000件の出産を扱うという某バースセンターに視察に行ったとき、そこで働く助産師から、「ここでのお産の70％が自然分娩で、その多くが、スウェーデンの一般的な病院と同じく無痛分娩です。私たちは女性に対していつも畏敬の念をもち、女性の自然性を引き出すケアを心がけています」という話を聞いた。1施設のデータとはいえ、日本と異なりこの国では、無痛分娩がかなりの頻度で実施され、かつ無痛処置が施されるお産も自然分娩のカテゴリーに含められていることを知った。しかも、そのように出産形態の異なる環境で働く助産師であっても、彼女たちが大切にしているものが「女性の自然性」であるということに、二重の驚きを感じた。

　このエピソードから察せるように、欧米先進諸国では、麻酔を用いた無痛分娩が主流である。一方、日本においては、施設出産が主流となり始めてアメリカ産科学が積極的に取り入れられた1950年代になって無痛分娩が出産の場に導入され、1980年代までは大学病院の70％以上で無痛分娩が行われているが、それ以降は減少傾向がみられる（天野、2001、p.378; 鈴木、2003、p.16）。また、1994年の調査によると、無痛分娩の実施率は大学病院で50％、一般病院、診療所で30％と高くなく、しかもその80％は産婦人科医のみで施行されている（鈴木、p.16）。無痛分娩を施行していない理由として「希望者がいないため」24％との回答が、「人的不足・多忙なため」23％を抜いてもっとも多い理由となっている（天野、p.379）。このように、日本において無痛分娩は全般的に低調であるといえる。

　日本において無痛分娩が普及しない背景には、日本の医療政策や麻酔科医数の絶対的少なさ、より根源的にはペインクリニック導入の遅れなどに象徴

されるような〈痛み〉の除去に対して積極的でない医療者の身体観など、さまざまな要因が複雑に絡み合っているのだろう（田辺、2006、p.97）。ではいったい日本人は、出産時の痛みについてどのような価値観をもっているのだろうか。

　出産経験者とそのパートナー、および産科医療に携わる医師と助産師に聞き取り調査を行った田辺（2006）は、彼らが〈出産の痛み〉に高い価値を見出し、それを排除することに対してさまざまな理由から抵抗感をいだいていることを明らかにした。出産経験者とパートナーは〈出産の痛み〉を、①より完全な母親あるいは成熟した女性になるための必要不可欠な経験であり、②出産は痛みが伴うのが〈自然〉であって、〈自然であること〉自体が価値をもつ、ととらえる特徴があった。また、産科医と助産師は〈出産の痛み〉を、①正常な分娩経過のサインであり、②母性意識の高揚のために必要であって、③〈自然なもの〉としてとらえていた。

　これらの結果を踏まえて田辺（2006）は、出産経験者やパートナー、医療従事者という異なるカテゴリーに属する人々が共通して、〈出産の痛み〉に対して母性や女性性、自然性といった高い価値を付与する出産観を有していると結論した（pp.107-108）。出産経験者やパートナーのみならず、医療従事者にとっても〈出産の痛み〉は、母親あるいは成熟した女性になるための通過儀礼の手続きとして〈自然〉で必要なもの、として語られている点は興味深い。

　〈出産の痛み〉に耐え忍ぶことが女性の美徳であり、母性の確立につながるとの意識が、日本では出産当事者（妊産婦と夫）と医療従事者の双方に浸透していると考えることができる。先進諸国の中では珍しく、日本人の多くは〈出産の痛み〉を引き受ける選択をした。その代償に、〈出産の痛み〉に母性や女性性の価値を付与し、与えられた身体的機能に人為的な措置を加えず、可能なかぎり〈自然〉に委ねる道を歩んだ。

　さらに、次節にみるように、この〈自然性〉への価値づけは、〈主体性〉という価値と結びつくことでいっそう強化されていったと考えられる。

3.「いいお産」と主体性

　1970年代後半以降、出産へのテクノロジー参入を一因とする医療事故が増加し、過剰と思われる医療介入により母子の命が危険にさらされる被害が発生した。たとえば、陣痛促進剤の不適切な使用により子宮破裂や胎児仮死、母体死亡、胎児・新生児死亡、脳性麻痺の後遺症などが生じたと考えられるケースが、出産の際の医療事故として新聞・テレビなどを通じて数多く報道された（谷津、2008、p.119）。このような出産の医療化は、まさに医療による女性の身体と自己決定権の抑圧であるとして、社会から大きな非難を浴びた。

　また、出産の医療化批判が起きた1970～80年代は、ラマーズ法やアクティブ・バースなどの考え方が海外から積極的に輸入され、「自分のお産を取り戻す」方法が模索されるというかたちで進行した時代でもある（松島、2006、p.151）。当時は欧米での第二次フェミニズムの余波を受け、日本にもすでに「お産の主役は産む人と生まれる人」という意識が伝わっていたことにより、出産に対する新しい考え方を取り入れやすい土壌ができていたと考えられる。

　このような流れの中で、病院でなく助産所で出産することや、女性の「産む力」を信頼して出産の自然な進行になるべく手を出さない自然なお産の良さが主張されると同時に、そのような〈自然性〉を生かした「いいお産には、産婦自身の自覚や主体的な自己管理が必要である」という認識が、医療従事者や一部の女性たちに共通のものとなり始めていた（杉山・堀江、1996）。ここで顕著なのは、出産への主体的な関わりであり、それによる医療化（医療による身体への人為的介入）への抵抗というものである（松島、p.151）。

　出産への主体性を重視する情勢は、1990年代に入ってからも衰えることはなかった。1994年のカイロ人口開発会議で「リプロダクティブ・ヘルス／ライツ」という概念が提唱され、産むか産まないか、いつ産むか、何人産むかということを女性が選択し決定する権利が主張された。そこで問題視されていたのは、性や生殖（妊娠・出産）にまつわる選択と決定が女性や子どもの身体や健康に直接影響することであるにもかかわらず、女性や子ども自

身に選択権や決定権がないという状態である。

　妊娠や出産の時期を選択し決定することだけが「リプロダクティブ・ヘルス／ライツ」でいう権利ではない。出産する方法（どのように産むか）の選択や決定も、生殖にかかわる自己決定である。女性の自己決定権を尊重するならば、当然のことながら、女性の意思とは無関係に行われる出産時の医療介入は批判されるべき対象となる。1970～80年代にかけての「自分のお産を取り戻す」運動は、まさに出産における女性の自己決定権を主張する一つの動きであり、この主張は、リプロダクティブ・ヘルス／ライツの概念によって、世界的規模の根拠（後ろ盾）を得ることになったといえる。

　以上にみたように、1950年代以降、女性とパートナー、医療従事者によって見いだされ、保持された〈自然性〉の価値は、1970年代後半以降、〈主体性〉という価値と結びついていっそう強化されたと考えられる。実はこのことが、次節に述べるように、本来は〈主体性〉と切り離しては考えられないはずの女性の〈身体の個別性〉を希薄化してしまい、ひいては女性の〈自然性〉をも否定するという、皮肉な一面をあわせもつのである。

4.「いいお産」と身体性

　前述したとおり、出産をめぐる女性の〈主体性〉は、医療化（医療による身体への人為的介入）への抵抗と、出産に臨む女性の自己選択と自己決定、自己責任を基調として語られてきた。女性の身体は他者によって理由なく侵襲されるべきでないという〈身体の不可侵性〉や、出産はそもそも自然で生理的な営みであるという出産の〈自然性〉を強調することにより、出産における〈主体性〉の価値が保持されてきたとも言い換えられるだろう。

　ここで注目したいのは、松島（2006）が指摘する「脱医療という文脈のもとでの身体の不可侵性によって主体性を主張することの危険性」である。つまり、女性の〈身体性〉を強調したうえでその〈主体性〉を確保しようとするならば、女性としての身体性、つまり生殖可能な女性として出産することを前提とした身体性を強調してしまうことになる（p.153）。それはたとえば、

女性は出産可能な身体をもって一人前とする女性観、あるいは「自然な」お産をすることを当然視するような出産観を強調してしまうことでもあろう。さらにここには、女性自身が（意図していないにもかかわらず）自発的に出産装置（birth machine）になろうとしているという読み替え（p.153）をも発生させうる。

　こうした、一面的で画一的な女性観・出産観のもとでは、出産可能な身体をもたない女性や「自然な」お産を体験しなかった女性は、女性に備わって然るべき〈自然性〉をもたない女性として自身を愁いたり、そのことを他者から指摘されて自尊心を揺るがされる可能性があるだろう。冒頭に挙げたように、「いいお産ができなかった」と嘆く女性たちの中には帝王切開や無痛分娩、計画分娩、不妊治療などの経験者が少なくない。このことから、一面的・画一的な女性観や出産観は、すでに広く浸透している可能性がうかがえる。

　「いいお産ができなかった」と語る人々の割合や内訳、詳細は明確にはつかんでいない。一つの手がかりとしてインターネットの検索ツールGoogleで調べたところ（2012年4月1日アクセス）、キーワード「良いお産」でヒットしたのは877,000件、「いいお産」では1,760,000件だったのに対し、「悪いお産」でも537,000件がヒットした。「悪いお産」として書き込まれている内容は多様であるが、自然分娩ではなかった自分の出産体験を振り返り「悪いお産ではなかった」と意味づけしているもの（たとえば「私の場合は帝王切開だったんですけど、手術中もずっと夫が隣で実況中継してくれたので不安はなく、帝王切開だからといって決して悪いお産ではなかったです」など）や、お産の良し悪しは何をもって評価できるのかと疑問を投げかけているもの（「お産に、良いも悪いもないと思いませんか？」など）も少なくない。

　身体というものは、本来一人ひとりが個別に備えているものであり、その機能や構造、身体を通した感覚や思いも人それぞれのはずである。また、女性の〈主体性〉が発揮されるお産こそ「いいお産」であるとする言説には、医療者の求める身体観ではなく女性自身の身体観に基づいて医療が提供されるべきという理想がおり込まれており、そこには女性の個別的な身体が前提とされていたはずである。

〈主体性〉という概念は本来、ある行動や思考などをなすとき、他のものによって導かれるのではなく、その行動や思考の主体となって働きかけること（広辞苑）を意味する。したがって、主体的なお産という場合には、どのような状態であれ女性自身が一人ひとり己の身体を実感しながら、自らの行動や思考を積極的に関与させるような出産のことをいうのだろう。そのような出産には当然、いわゆる自然分娩だけでなく、帝王切開や吸引分娩、鉗子分娩、無痛分娩、計画分娩も含まれてくるはずである。

　さらに田辺（2008）は、そうした画一的な身体性を排除した新しいかたちの〈主体性〉の発現を、近年の無痛分娩を選好した人々の語りに見出している。「無痛分娩は、パニックにならない分、自分や周りの人たちのこと、お産の進行状況に対して常に冷静に、客観的な感じでいることができた」、「自分を保ったままちゃんと産めた」、「産むのは私、責任も私がとる」などの語りである。田辺は、無痛分娩選好者の語りの中には〈出産の痛み〉を引き受けることではなく手放すことを選択し、産むという責任を積極的に引き受けて自己を冷静で自然な状態に保つことに価値を見いだす「主体的」な考え方がみてとれるとし、これまで「自然ではない」とされてきた無痛分娩のような出産形態のうちにも、女性にとっての「自然」が見いだされる可能性を示唆している（pp.100-104）。

　このように、出産する女性たちが自らの〈主体性〉や〈身体性〉に付与する意味に応じて、〈自然性〉の意味づけにも変化（〈出産の痛み〉を軽減・排除した出産もまた自然であるとするような）がみとめられることは興味深い。

5.「いいお産」という言葉が意味するもの

　以上、「いいお産」という言説に関わりの深い〈自然性〉〈主体性〉〈身体性〉の概念に着目することにより、「いいお産」という言葉が含みもつ、三つの特徴が見えてきた。

　一つは、「いいお産」という言葉が女性にもたらす影響の多様性である。たとえば、「いいお産」という言葉は1970～80年代以降、医療者主導の出

産環境に女性の〈主体性〉を回復し、安全で安心な出産を取り戻すという意味では大きな意味をもっていたことは疑いない。しかしその一方では、「いいお産」という言葉に象徴される〈自然性〉や〈身体性〉（いわゆる自然分娩を可能にする身体に価値をおく考え方）は、一部の女性たちを「いいお産」から周縁化したり、女性が自らの出産体験に対して下す評価にネガティブな影響を与える可能性があることがうかがえた。

　二つは、「いいお産」という言葉に付与される意味の可変性である。無痛分娩選好者の語りにみたように、近年の女性にみられる〈主体性〉（自己選択・自己決定・自己責任の意識）の高まりには、〈自然性〉や〈身体性〉に関する従来の意味づけに変容をせまる勢いが感じられる。欧米先進諸国にみられるように、日本においても今日の医療状況のもとでは〈出産の痛み〉を軽減・排除した出産はむしろ自然とするような価値観形成が進むのかどうか。それは今後の動向を見なければ分からないが、もしも進むのなら「いいお産」に付与される意味も大きく変わってくることだろうし、冒頭にあげたスウェーデンの助産師のように、日本の助産師においても〈出産の痛み〉を前提としない〈自然性〉を引き出すケアがいっそう探求される可能性がある。また、「産科医療の崩壊」という言葉が流布し、出産における安全性が危ぶまれる昨今、あらたに安心・安全・安楽のすべてを包含した〈安産性〉といったような概念が鍵となり、「いいお産」の意味をより豊かで複雑なものにしていく可能性もあるだろう。

　三つは、「いい」という言葉の価値付与性である。言葉というものは、人と人との関係性をつなぐ重要で便利な社会構築物であるが、同じ語でもそれを使用する人や状況によってその語の使用法や意味づけが異なるため、ある意味たいへんに手ごわい存在でもある。特に、「いいお産」の「いい」という語は、それ自体「よい（良い・善い・好い）」という価値を含む語であるから、「いい（よい）」という言葉を発するときには、その対となる「悪い」という価値観を同時に（たとえ意図していなくても）表明してしまうという事実に、わたしたちは注意を向けるべきだろう。

　「いいお産」があるなら「悪いお産」も存在するに違いない、という背反

的な考え方によって苦悩する女性や家族が存在するのであれば、「いい（よい）」という価値付与的な言葉を用いることを反省してみることも必要かもしれない。

6.「いいお産」を育む出産当事者の感性

　女性は、「いいお産」という言葉から多様な影響を受けてきたと同時に、自らも「いいお産」にさまざまな意味や価値を付与してきた。こうした多様な意味や価値の基底を成し、かつ方向づけているのは、出産する女性が、自身を取り巻く環境（医療環境、生活空間、経済的状態、法律や制度、家族や地域住民や当事者間のネットワークなど）との相互行為を通して、自分や他者の出産体験に対して身をもって下した感性的な評価（快適さや不快さ、安楽さや苦しさ、楽しさや哀しさ、満足さや不満足さなど）ではないだろうか。「感性とは、環境と身体的自己との関わりを覚知する能力である」という桑子（本書第5章）の定義に依拠すれば、「いいお産」とはまさに出産当事者の感性によって育まれる言葉であると考えられる。

　「いいお産」がどのように語られるかを知ることは、出産当事者の感性、すなわち彼女たちの身体的自己と環境との相関を知ることでもある。これからも「いいお産」がどのように語られるかを観察しながら、出産当事者のアイデンティティや彼らを取り巻く社会関係の形成と変容の過程を分析していきたい。

　　※本章は、『助産雑誌』第63巻第1号、pp.8-14（医学書院）に掲載された"「いいお産」という言葉が意味するもの－出産における自然性・主体性・身体性－"に一部加筆し、出版社の許諾を得て転載したものである。

参考文献

天野完、2001、「無痛分娩－最近の動向」『産科と婦人科』68（3）、pp.378-385。
堀内茂子・江藤宏美・谷津裕子・藤原美幸、2007、「諸外国の助産評価基準および

評価機構調査―スウェーデンの助産師教育と評価の実態」『日本助産学会誌』21 (1)、pp.115-123。

近藤潤子・竹内美恵子・平澤美恵子他、1986、「助産婦教育到達目標―全国助産婦学校協議会助産婦教育制度委員会・小委員会報告」『看護教育』27 (13)、pp.791-815。

松田佐和子・山本智美・鈴木久代他、1997、「聖母病院における妊婦の『いいお産』に関する意識調査」『母性衛生』38 (3)。

松島京、2006、「出産の医療化と『いいお産』―個別化される出産体験と身体の社会的統制」『立命館人間科学研究』11、pp.147-159。

尾崎奈保子・松岡恵・三隅順子、2001、「『いいお産』のイメージとお産の満足感との関連」『母性衛生』42 (3)、p.178。

杉本充弘、2005、「産科医療施設に求められる『いいお産』のための環境について」『平成16年度独立行政法人福祉医療機構助成「いいお産」普及・啓発のための基盤づくり事業報告書』pp.27-31。

杉山次子・堀江優子、1996、『自然なお産を求めて―産む側からみた日本ラマーズ法小史』勁草書房。

鈴木健治、2003、「無痛分娩の現状」『産婦人科治療』86 (1)。

田辺けい子、2006、「〈出産の痛み〉に付与される文化的意味づけ―『自然出産』を選好した人々の民族誌」『日本保健医療行動科学会年報』21、pp.94-109。

――――、2008、「『自然な出産』の医療人類学的考察」『日本保健医療行動科学会年報』23、pp.89-105。

常盤洋子・今関節子・行田智子他、1998、「出産による成長体験と理想とするお産のイメージ―KJ法による出産体験SCTと『いいお産』についてのSelf-imageの内容分析」『母性衛生』39 (3)、p.251。

山本智美・小松貴子・松田佐和子他、1996、「『いいお産』に関する文献研究―産婦と医療者の視点から」『母性衛生』37 (3)、p.270。

谷津裕子、2008、「『いいお産』の言説分析のための基礎的考察」『感性哲学』8、pp.114-125。

第7章

教室の感性

根津知佳子

感性が育まれる時間・空間 ＝ 教室

教師は、様々な立ち位置で子ども達と対話を重ねていく。教室というフィールドでは、教師自身も「身体的自己との関わりを覚知する能力」が求められている。

> **本章の概要**
>
> 　すべての子どもたちにとって平等に与えられた「フィールド」は、授業（学校教育）である。しかし、同じ時間（45分）でも、同じ空間は一つとしてない。その空間を演出する教師の感性がその空間を作り、子どもたちは異なる経験をしながら、感性を培っていく。
> 　子どもたちの感性を育むために、教師は様々な教育方法の工夫・改善を試みている。もちろん、教室というフィールドで培われた実践知・身体知によって空間や教育方法が変容していくが、そこには教師のライフヒストリーや感性も照射される。本章では、子どもと教師が「黒板」をどのように共有し、共同制作をしていくかを事例として、教室における感性について考察するものである。

1. 教室という時間・空間

　明治以来、4間（約7.3メートル）×5間（約9メートル）の空間と、数十分という時間枠の中で、「教え＝学ぶ」という営みは日々繰り返されている。1日の3分の1以上の時間を教師や級友と過ごすその空間では、ひとりひとり異なる感性を持った子どもと教師が集い、コミュニティを形成している。そして、学年が変わって移動した教室でも、また新しい出会いがあり、新たなコミュニティが作られていく。このように、教室というフィールドには、知識や文化を伝達する役割を担っているだけではなく、新たな文化を創り出すという機能が内在している。

　「子どもたちが登校してくる。そして教室で一日を過ごす。もし、その教室がコンクリートで仕切られた空間ではなく、大きな木の下に机が並んでいる空間だとしたら、子ども達はどのような授業を創っていくのだろう」とは、奈良女子大学附属小学校教諭小幡肇氏の言葉である。氏と出会った2002年以後、そのフィールドを訪ねるたびに氏の生み出す「時間・空間の構造」が変容していくことに筆者は関心を持ち続けている。そして、その変容の中の不変は何か、を問い続けている。

　近年、小幡氏の授業は『この木何の木』の歌声から始まっていた。そして、

その日の授業者（子ども）が黒板の前のお立ち台に立つと「お尋ね」が続き、「たぶん」「おそらく」などの言葉を頼りにクラス全員で論理を組み立てていく。その間小幡氏は、子どもたちの声に耳を傾けながら板書に専念し、色とりどりのチョークで書かれた字が黒板を埋め尽くした頃に、チャイムが授業終了を告げるのが常である。

　森脇は、総合学習の性格を持つ実践として創出されたこの授業スタイルには、"装置（disposition）"が存在すると述べている（森脇、2001）。1時間の授業システム（ミクロシステム）を支えるのは、事前事後の調べ学習と学び直しであり、1年を通して全員がお立ち台で自己表現することが保障されるシステム（マクロシステム）である。1時間は1年間という枠に守られ、子どもたちの表現は1時間という枠に守られ、さらには子どもたちの発言（物語り）は、「お尋ね－お応え」の構造に支えられ、考えの道筋は、「はっぱ（用紙）」の枠に守られる。知識伝達型でもなく、教科書も使わないこの授業スタイルで重要な行為は、子どもたちが文字を書き、その文字との対話をしつつ、自

写真1　45分間の芸術

らと対話することである。その「枠」は、「黒板」「ノート」「作文用紙」「はっぱ」など多様であり、厳密には、そのひとつひとつの対話の構造は異なる。

　教室で繰り拡げられる対話は、小幡氏によって黒板に書きとめられ、「黒板」上に可視化される（**図1－Ⅰ**）。子どもたちの発言や反応は、「黒板」という枠組みに、白・赤・黄のチョークでぎっしりと埋められ、相互学習のプロセスが可視化されていく（**図1－Ⅱ**）。子どもたちは、それをノートに写すことを通して、他者の発話行為をなぞり、自分の考えをまとめる（**図1－Ⅲ**）。時間が経つにつれ、「黒板」はクラス全体の学びを守りながら、新たな展開を生む"作品"に仕上がっていく。子どもたちは、書きながら手を挙げる。発言を一旦文字に変換し、他者の意見を写すことにより、他者の思考過程を理解する、という対話の構造である。氏の授業スタイルは、奈良女子大学附属小学校に継承される『学習法』という伝統的な学校文化と、小幡氏の実践知により創出された"art"と言っても過言ではないだろう。

　これまで筆者は、実践的な視点からこの構造を支えているいくつかの「枠」に着目してきた（**図2**）。それらは単なる物理的な「枠」ではなく、子どもたちの表現行為を守るために実践から生み出された「装置」であったからである。そして実践の中で「装置」が崩され再構築されるという構造と、何よりもその主体が子どもたちであるという点を評価してきた。

　45分間の中で想定される子どもの意見を感じながら、小幡氏は右へ左へ動くことによって黒板は見事な作品になる。背中で子どもの発言を聴きながらチョークの色を変え、発言を可視化していく技は見事である。声の大きさ、方向で誰の発言かを感じ、次に誰が発言するかを予測しながら板書することを支えているのは、小幡氏の感性である。桑子は、「環境と身体的自己との

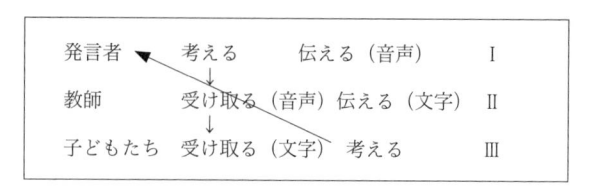

発言者 ▼	考える	伝える（音声）	Ⅰ
教師	受け取る（音声）	伝える（文字）	Ⅱ
子どもたち	受け取る（文字）	考える	Ⅲ

図1　対話の構造

```
┌─────────────────────────────────────┐
│ 「おたずね＝おこたえ」というやりとりの構造  │
│ 考えを書く「葉っぱ」                    │
│ 学びが可視化される黒板                  │
│ 学びが可視化される教室（木）             │
│ 「葉っぱの木をふやそう」という授業スタイル │
└─────────────────────────────────────┘
```

図2　教室における枠の多様性

関わりを覚知する能力」が感性であると定義し、「自己に与えられた配置の地点から世界を知覚するとき、その知覚は、配置された身体の視点へと現象する」と述べている（桑子敏雄、本書第5章、p.90）。小幡氏が黒板に書く行為は、教室というフィールドで長年培われた教室における身体的自己とのかかわりを察知する能力によって支えられているといえよう。

2. 外からみる感性と内からみる感性

　近年、小幡氏は何度も自らの実践のマイナーチェンジを試みてきた。それは、授業時間の構造の変革であり、子どもたちが使うツールの改善であった。教室というフィールドに質的な変化が起きた時、子どもたちの学びも変容する。その変容を生み出すのは、教師だけではなく、授業の外側にいる「通りすがりの知」（佐々木能章、本書第10章）をもつ研究者でもある。小幡氏と協働する研究者（森脇）は、長年の参与観察を通して立ち歩きなどの明白な「荒れ」はないがクラス全体がディスコミュニケーション状態にあるという「静かな荒れ」を指摘し、その理由として他者との対話が成り立っているようで、実は子どもたちが対話しているのは「他者の書き言葉」なのではないかという仮説を立てた（森脇・小幡、2008）。小幡氏はそれを受けて実践を微修正してきた。同様に、筆者は、小幡クラスの装置内における言語のやり取りの表情のなさを指摘し、他者を身体的に感じあう構造が消失している点を理由とし、小幡氏が考案した装置を大きく変える必要はなく、前言語期の母子間のやりとり構造の体験を共有することによって再構築が可能であると提言し

た。そして、後述するように筆者自身が教室の中央（お立ち台）に立ち、子どもの代わりに指揮をするという実践を行った[1]。教師が、子どもたちに背中を向けて板書するのをやめて、子どもたちと向かい合った時に対話の質が変わる、というのが筆者の仮説であった。

教室における「おたずね」の構造を支えるのは「共同注意」である。相手と同じモノを見つめる、話し手の顔を見る、といった行動があってこそ同じコトを感じることができる。しかし、他者が話している時に文字を書く場合、相手がどんな表情で何を見て話しているかを共有できないため、対話の構造から非言語的なやりとりは、漏れ落ちることになる。

言語による対話は、相手の言葉を受けとめ、聞き終わってから話し出すというルールに基づいて行われる。この間合いを感じるためには、ヒトに備わっている"感性情報処理"という高次の能力を必要とし、これが言語習得の基盤となる（正高、2001、2002a、2002b、2002c など）。話す行為も語る行為も相手に伝えるという点では共通であるが、後者には、聴き手の味わい、うなずきなどの価値観や、空間性、運動性、時間性が強調される印象がある。だからこそ、「身体性」と切り離すことができない（根津、2006）。お互いの息や音をコントロールしつつ、空間的イメージを持つひとつのまとまり（フレーズ）には、その息や音そのものにクラスの関係性が内在する。共に呼吸する身体の存在があって初めてこの行為が可能になる。これが言語の構造である。

この前言語期のやりとり構造には、情動調律（affect attunement）[2]という間主観的な相互反応が内在しているが、これは歌うという表現行為と類似した構造を持つ。いずれにしても、声を出しながら空間・時間的に共振し、空間的・運動的なイメージを共有するためには、ひとりひとりの身体が動き出し、お互いの身体が語り出す必要がある。表情を豊かにするためには、身体も豊かに語り出さなければならない。そこで音楽学習の原理的なモデルともいうべき理論（足立、1986、p.18）に依拠し、小幡クラスの子どもたちに対して、手や体の動きで意図を伝えることを知らせ、全員が指先を見るまで演奏を開始しないという行動をとり、最も原初的な「共同注意」のモデルを示した。黒板という枠でも葉っぱという枠でもなく、教師と子どもたちが向かい合って

対話する空間構造こそ本来、表現を守る装置になると考えたからである。

以下、その瞬間のエピソードである。

【エピソード1】

> ピアノ伴奏が始まった直後に、私は、大きく手を振り、演奏を止めた。ピアノ伴奏者が指揮を見ていないばかりか、合唱も全く指揮にあっていないことを知らせるためである。ある子どもは、その行為自体初めて体験するかのようにきょとんとしていた。私は、教室を見まわした。戸惑っているのか、全く別のことを話す子どももいる。しかし、<u>全員が私を見るまで、手は振り上げないつもりだった。その緊張した空気を感じたのか、よそ見をしていた子どもたちと次々と目があっていくのを感じた。</u>
>
> (2008年3月2日)

おそらく、教師の実践を変える原動力となるのは、子どもたちの感性であろう。食い入るような目つき、興味を持ち続ける眼差しなど、探究を続ける教室全体の情熱を感じる時、装置は不要になる。装置にすがっている時には、教師の感性は働かなくなるといっても過言ではないだろう。

森脇は、授業というフィールドにおける教師の実践知に関する研究を**表1**のように類型化している(森脇、2011、表2.2)。研究者による実践研究の単位が、1時間あるいは単元ごとであった従来の研究に対して、教師の授業スタイルやライフヒストリーに着目した森脇は、小幡氏の実践についても (i)～(iv) のそれぞれのレベルについて追究している。

このようなひとりの教師が実践知をどのように獲得し、どのように授業スタイルを築いてきたかという視座の研究に対して、筆者は、氏が一瞬一瞬にどのように感性を働かせているかに焦点化し(**表2**)、定期的に小幡クラスで実践を行ってきた。それは、表1の (i) よりもさらにミクロレベルに焦点を当てていることになる。

実践では、このエピソードを介して、表2のように、ミクロレベルの応答性の重要性について検討した。わずか数分間に実践者が多くの情報をキャッチし、それに応答している様子を伝えることによって、その行為の重要性を共有することができたと考える(森脇・根津・小幡、2009)。

表1　フィールドにおける研究の視座

対象理解のスパン	対象の把握	理解の方法	理解の特質
（ⅰ） 1時間の授業	授業構造を教材や教授行為においてとらえる。脱文脈的な把握。	授業の骨格（教材、教授行為）を分析・追試、あるいは、修正追試し検証する。	広範囲、多様な授業から効率的に学ぶことができる。授業実践の背景、文脈については把握しにくい。
（ⅱ） 1単元の授業	教科内容及び教科内容に即した教材群の析出。教科内容、教材づくりの過程も含まれる。	教科内容研究、教材づくりの過程をストーリーとして理解、あるいは追体験する。	単元レベルのモチーフ、教科内容、教材研究のプロセスの理解が可能。
（ⅲ） 授業者の授業スタイル	教科内容・教材づくりに通底する授業者の授業スタイルを析出。	授業スタイルの形態、構造、その特徴を理解する。	教師の教材・授業づくり、運営・評価の一貫した傾向を「スタイル」として把握し理解する。
（ⅳ） 授業者のライフヒストリー	授業者の授業スタイルをその授業者の「カリキュラム経験」の中に位置づける。	授業者の授業の歴史をインタビューで明らかにし、過去の授業記録、現在の授業記録であとづける。	授業者の授業、授業スタイルの生成と変容を授業者固有の文脈において明らかにすることが可能。

出典：森脇、2011

表2　筆者の視座

授業者の相互反応性	授業者の対話の様子（言語行為と非言語行為）を対象とする。	授業者の言語行為をミクロ分析する。	授業者の二重の応答性を明らかにすることが可能。

3. 変容の中の不変

　小幡氏は、事実としての視点や生活者としての視点をもとに、あらたな視点を得ることができそうな事柄を見つけ出し、具体的な感覚や事物にこだわる発想がさらに抽象的な言葉を具体的に返すことを重視する。また、経験とのつながりの中で抽象的な言葉や情報を理解する際に表舞台にでてきたりする場面をとらえ、気になること（話題）に設定することを重視しつつ授業を進めている。その姿勢に変わりはない。

この実践から1年の月日が流れ、2年生の教室では[3]、「装置」のマイナーチェンジが行われていた。子どもたちの学年は違うが、教室の物理的構造はそのまま受け継がれている。

【エピソード2】

> 「はいっ」とまっすぐに手を挙げたH君は、「白・赤・黄色」と黒板に書かれた文字を確かめながら (1)「赤とピンクとかがあるならば、紫とかオレンジはあるんですか？」とおたずねする。黒板をちらりと見ながら聞いていたMさんは、手を前に組みながら一呼吸置き、時折ポスターの方をみながら (2)、紫のカーネーションは、ムーンダストという珍しい種類であると応える。「オレンジは〜」と言いかけ、咳払いをしながら、変わった色のカーネーションをいろいろ調べたことについて、迷ったように話し続けた。「あるんですか？」という明確なおたずねに対して、しっかりと応えたいけれど、どのように表現していいかわからなく、その言葉を探しているかのようである。身体をくねらせながら、いろいろ調べた中に「のっていました」、と小さな声で言う。それまで、他の児童へ「聴く姿勢」を促していた小幡先生が後ろから何かを伝え（おそらく、もっと大きな声で話すように言ったのだろう）、Mさんは、下を見たり上を見たりしながら、「紫は〜」と言いなおし、少し困ったような表情で「オレンジは、私は見たことがないけれど、ないと思います」と言う。H君は、「オレンジは、たぶんないということがわかりました」と言って座る。
>
> (2009年6月12日)

　「黒板に書かれた文字を確かめながら (1)」あるいは、「黒板をちらりと見ながら聞いていたMさんは、手を前に組みながら一呼吸置き、時折ポスターの方をみながら (2)」など、子どもたちの学びのプロセスがこれまで以上に保障されている。芸術作品であった黒板は、子どもたちの発言を可視化するだけではなく、考え、感じる行為を支える役割を果たしている。エピソード2からは、斜体部分に示されるように、子どもたちがじっくりと考えながら表現することができる「間合い」や、迷うことすらも許される「自然さ」が感じられる空間であることが読み取れる。

　近年、授業実践をミハエル・バフチン（1895〜1975）の対話論の立場から分析するアプローチがある。これまでの教育方法論は、教師の指導意図が重視される、いわばモノフォニーの世界であったといっても過言ではないだろう。ところが、バフチンの言及するポリフォニーにおける多声性とは、多くの声があるという意味だけではなく、「ともに」「さまざまな」声を出すとい

う点に特徴がある（桑野、2008）。まさに、この日の授業は、「ともに」「さまざまな」声が聴こえる授業であった。

【エピソード3】

> O君は、「花屋の」といいかけて、「あの〜花屋の花は……カーネーションだけだったんですか？」と、言葉を探すかのように訊ねる。<u>(授業の流れを戻しているO君に対して) 小幡先生が身振り手振りを加えながら、説明をする。小幡先生は、(進めたい授業の方向性に戻そうとして)「なんでオレンジ色はないのかな」という文字をさして、「ほら、もう一回言ってごらん」というようにO君に発言を促す (1)</u>。「オレンジ色のカーネーションは見たことがあるけど、たぶん、その花屋さんはオレンジ色のカーネーションの花を知らなかったのかなと思います」と言う。<u>小幡先生は、話をかえて「確認したいんだけだけど」「どうやら作る人がいるんじゃないか」と言い、「オレンジ色のカーネーションがないのはなぜか、ひとつは「作る人」からもうひとつは、「買う人」や「花屋さん」から考えたらどうか、と提案する (2)</u>。
>
> (2009年6月12日)

　エピソード3にあるように、下線(1)では、指導意図とは異なる反応に対して、修正をしようとする小幡氏の振る舞い、さらに下線(2)では、教室全体の雰囲気とは異なる方向に授業を進めるような言語行為があった。この点について"通りすがりの旅人"である筆者は、教師の指導意図に対して、子ども達が「さまざまな」声を出していることを指摘した。お立ち台に立っているMさんがたくさんある花の中で、どうしてカーネーションを選んだのか、教室に通底していたストーリーは、教師のストーリーと異なっていたからである。
　さらに、エピソード4のように、特別支援が必要なAくんが「最後に文字化する」という授業の構造に守られながら、教室における自らの位置を保っていることを指摘した（下線部）。

【エピソード4】

> Aくんは、ズボンの中に手をいれながら、机にふせたまま授業を聞いている。Mさんが言いよどんでしまった時に水槽の方に目をやることもある。授業にはほとんど参加していないが、教室にいること自体は受け入れているようである。<u>ノートに書く時間になると、必死に書き続ける。何かを確かめるかのように前のページをめくっては書く。マス目いっぱいに書かれていて読むことができないが、書きたいモノ（書きたい分量なのか？）がある様子である。</u>

> 　いったん、書く時間が終わり、発表する時間になっても、とりつかれたように<u>書き続けている。小幡先生が、机間に入り、鉛筆を持っている子を注意しながら「顔で聞きなさい」と言うと、先生の顔を見てまた書く、また顔を見て書く、ということを数回繰り返し、そのまま書き続けている</u>（10:36）。その後、何か満足げな表情でノートを閉じてしまう。「さあ、ここから書くスピードをあげます」と小幡先生が言うが、まっすぐ前を向いて書こうとはせず、筆入れを机にいれる。小幡先生が黒板の前で話をしていても、チャイムが鳴ると机に伏せて、校庭を見ている（10:40）。
>
> 　　　　　　　　　　　　　　　　　　　　　　　（2009年6月12日）

　情動調律や共同注視をキーワードとした授業実践は、ともすると関係性に特化し、学びの空間として退行（regression）を引き起こしやすい。知的空間であった教室が、プレイルームのように化してしまう危険性を孕んでいる。昨今の日本中の教室の荒れは、この点に起因するといっても過言ではない。しかし、小幡氏が、装置の変革を行っても、退行的な空間にならなかったのは、言語化する瞬間や文字化する瞬間にこだわり続けているからである。つまり、教室というフィールドで共有されるのは、知であることから"ぶれていない"、ということである。

　小幡氏は、「友だちとの感情交流がうまくいかず手や足が出る子どもがいる。それを乗り越えるには、子どもを追いたてる学習指導を避け、"ゆるやかな"時間を大切に、学習生活を通して、子どもたち同士による"やわらかな"育ち合いを実現していく」と述べている[4]。

　これは、物理的な枠組みを変えるということではなく、やりとりの構造の質的変容が成し遂げられたことを示唆するものである。つまり、小幡氏は、教室というフィールドに流れる空間ではなく、時間の変革を行ったといえるだろう。

　小幡氏が、「孫が1年生となり、受け持っている2年生が同じ存在に見える日々（孫の成長に焦りを持って見ることがないのと同じように、日々成長と見てとれる）」とも述べている点も興味深い。

4. 教室という空間で繰り返される双方向の対話

　近年、感性工学領域では、感性を暗黙知（入力）を形式知（出力）に変換するシステム（系）と捉えている（図3）。すなわち、人間のひとつの機能（function）としての感性を抽出し、人工的な感性を創出することで、より人間に近い工学の実現を目指している。椎塚久雄らは、感性をこのような変換システムとして捉えるために、変換器の構造化を試み、感性のフレームワークを提案している（椎塚、2006）。

　いうまでもなく、教育実践においては、「感受したコト」を音声・文字・数値・絵・音などの「形式的なモノ」に変換するプロセスが重視される。教室というフィールドは、様々な体験を通して、暗黙知を形式知に変換する場である。小幡氏の実践で、ノートや葉っぱや黒板に書くという行為を重視しているのは、おそらく、書くという体験を通して子どもたちの理解が促されるということを実践的に確信しているからであろう。

　教育実践で最も重要なことは、形式知として一旦変換されたものをさらに自らに還元する行為の循環である。そこには、他者の存在が欠かせない。たとえば、小幡氏によって黒板の上に文字に置き換えられた自分の考えを見ることによって、自分の考えがどのような位置づけになっているか確認できるであろうし、黒板に書かれた他者の発言をノートに写すことによって、他者

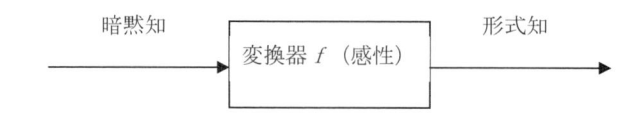

図3　感性工学における変換器としての感性

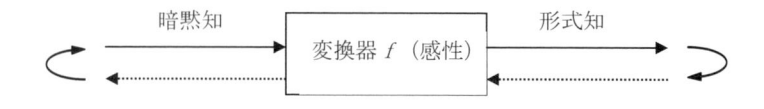

図4　教育実践で重視される双方向性

の思考のプロセスを体験することができる。

　このように、感じたことを言葉・文字・記号・音符・絵画などに変換する営みを日々行っている教室は、敬虔な"場"である。だからこそ、教室は、落ち着いてものごとを考えることのできる安心できる"場"である必要がある。このように考えると、4間（約7.3メートル）×5間（約9メートル）の空間には、その教室で過ごした多くの子どもや教師の対話の履歴が残されていることになる。その時間・空間においてはぐくまれた様々な感性は、学級文化や学校文化を継承されていく。

　ひとりひとりのかけがえのない感性と、集団によって共有されるべき感性が、教室というフィールドの履歴となっていくのである。

注

1　2008年3月4日に奈良女子大学附属小学校5年月組で実施した。詳細は、森脇・根津・小幡、2009参照。
2　たとえば、乳児が不快な時に、「あ〜」という泣き声で周囲に訴えるとする。母親・養育者は、泣き声から様々な情報を読み取り、代弁していく。乳児のメッセージを受け取るためには音声だけではなく、身体全体の様子を見ながら子どもの感情を推測することになる。ここで重要なのは、伝えたい相手の存在と、自分の音声が他者の行動に影響していることに気づくということである。交わされるのは、情動であり、感情である。そして、両者に表現者としての意図が存在するということも重要である。
3　2009年6月12日に参観。
4　平成21年度6月学習研究集会、公開学習配布資料より。

参考文献

足立美比古、1988、「感性、創造性、音楽教育」『季刊 音楽研究』57号、音楽之友社、pp.2-19。
小幡肇、2003、『やれば出来る！子どもによる授業』明治図書。
桑野隆、2008、「『ともに』『さまざまな』声を出す」『質的心理学研究』第7号、pp.6-20。
正高信男、2001、『子どもはことばをからだで覚える』中央公論新社。
———、2002a、「0歳児の言語習得と聴覚障害」『ろう教育科学』44、pp. 207-218。

―――、2002b、「心は体にどう縛られているか」『京都大学カウンセリングセンター紀要』31、pp. 89-94
―――、2002c、「言語の獲得に聴覚は不可欠か」『別冊日経サイエンス』137、pp.104-109。
森脇健夫、2000、「教育内容論の再構築」『学びのためのカリキュラム論』グループディダクティカ編、勁草書房、pp.167-192。
―――、2001、「『装置』としての授業」『学習研究』奈良女子大学文学部附属小学校学習研究会、390号、pp.64-69。
―――、2011、「授業研究方法論の系譜と今後の展望」『授業づくりと学びの創造』、pp.37-87。
森脇健夫・小幡肇、2008、「授業研究としての『アクションリサーチ』の試み―小幡肇氏との協働による授業研究」『三重大学教育学部紀要』第59巻、pp.299-309。
森脇健夫・根津知佳子・小幡肇、2009、「授業研究としての『アクションリサーチ』の試みⅡ―『感性と言語の対話』プロジェクトを通して―」、『三重大学教育学部紀要』第60巻、pp.287-302。
根津知佳子、2006、「語りだす身体」『感性哲学』6号、pp. 3-4。
椎塚久雄、2006「感性システムのフレームワークと感性工学の展望」『日本感性工学会研究論文集』Vol.6、No.4、pp. 3-23。

第8章

建築家のサイト

小野　育雄

細道に沿うように布置される7舎のひとつ「house of blue shadow 青影舎」とその手前の水鏡

　（スティーヴン・ホールの謂う「parallax 視差」体験としての）建築的散策において、俳人松尾芭蕉の旅を想起させようとつくられた7舎のうちのひとつ、house of blue shadow 青影舎（と名づけられたこの south court house 南庭舎）は、通常は集会室である。スティーヴン・ホールがこの場所に予定したもっとも重要な働きは、集合住宅の住人の誰かが死亡したときの棺の一時安置所というものであった。その重なりあう二つの意味を知る住人たちの眼に、日々手前の水とともにこの舎がはいっていくことを企図したのである。

本章の概要

幕張において建築家 Steven Holl スティーヴン・ホールは、ニュータウンの1街区をなす集合住宅の設計を依頼される。その site（フィールド）を訪ねることになるが、そのときのことを「このまちには……日本映画の……怪獣モスラのような種のものがもとめられていると感じられた」と語る。設計初期に、俳人松尾芭蕉の旅と芭蕉のかかわる家々とが想い起こされ、1水彩画が描かれる。そのとき想起されたものが結果的にモスラの種のものとして働く。この水彩画をホールは idea とよぶが、この建築家にやってきた〈風景の感情〉とよべるものである。制作は、そのような還元としての相と、ホールが design とよぶ作業としての相とのあいだの振れ（往き還り）のなかですすめられた。ホールは、idea は固有な site をめぐって発生される、と言うが、このことは、site 周囲の見かけに合わせて作品をつくるということを意味するのではない。site と建物の結びつきを科学的（すなわち超越的）にとらえることのみを意味するのでもない。site のもつ日常的ないわば道具性を踏まえながら、しかしその道具性のなかに超越するような遮断（interrupt）を建築家にもとめる、と謂うのである。

1. 建築家の site

Steven Holl スティーヴン・ホール（1947〜）は 1992 年、幕張ベイタウンという住宅地開発事業のなかに1街区の制作者のひとりとして入っていくことになる。幕張は、「千葉新産業三角構想」[1]（1983）のひとつの核拠点に位置づけられて、「幕張新都心構想」のもとに諸計画が進められており、同時に、首都圏内にあって東京という大都市のいわば新郊外（ベットタウンとしてのニュータウン）として機能することをもとめられた場所である。建築家ホールには、千葉県企業庁という地方（首都圏）公共団体やその公共団体と共同するディヴェロッパーら主導による、その場所についての覆いとしての物語り（さまざまに包括的な枠組みのようなもの）が、前提プログラムとして与えられていた。その制作は終始、クライアント（依頼人）としてのディヴェロッパー・三井不動産グループとのぎくしゃく（もとめることのさまざまにおおきなずれ）のなかにあった（1992〜1996）。

本章では、制作しなければならないとされているプログラムのだいたいを知ったうえで site を訪うときにホールにやってきた気分のようなものをとら

第8章　建築家のサイト　139

えるとともに、ホールの建築したこととは何かを考えはじめたい。

2. ホールの言葉(建築することについての論的思索・反省的思索)の解明

　建築することについて思索するホールの言葉には、〈metaphysics メタフィジクスと physics フィジクスとの対化〉、〈idea と design との対化〉、〈site の照顧において見ることの習慣的な仕方が遮断されて idea の発生してくるのを待つということ（idea という力は周囲環境の置かれているその場所すなわち固有な site をめぐって発生されるということ）〉、これらをみることができる。鍵語、メタフィジクスとフィジクス、site と idea と design には、つぎの（図1と図2の）ような構造があることを他所ですでに論じた[2]。

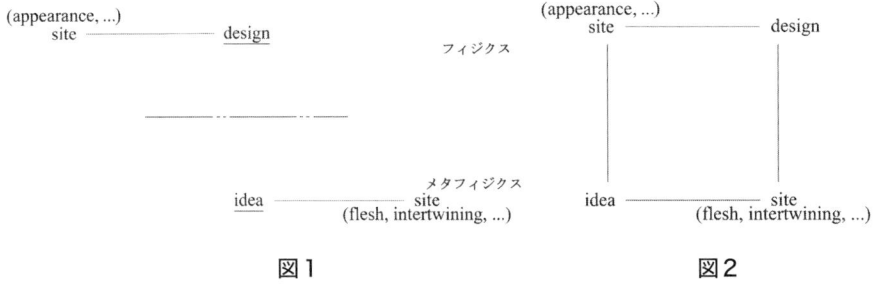

```
(appearance, ...)                                    (appearance, ...)
site ──────── design              フィジクス        site ──────── design
        
─ ─ ─ ─ ─ ─ ─ ─ ─ ─ ─ ─ ─ 
                                    メタフィジクス
idea ──────── site                                   idea ──────── site
         (flesh, intertwining, ...)                          (flesh, intertwining, ...)
       図1                                                   図2
```

　site において現象的なるところへ還帰しつつ idea という力のおとずれを待つ。これをホールはメタフィジクスと呼んでいる。上の構造はダイナミックさをもつ。したがってリニアに展開をたどる説明では十全な説明とはなりえない。しかしホールの言葉

> site は固有であり、したがって design を主導する idea、design を主導する力は、周囲環境の置かれているその場所をめぐって発生しなければなりません。はじめは直観的に漂います。言葉や文章を書きとめ、ドローイングやスケッチをたくさん描きます。或る idea へ至るようになるまでにどれほどかかるのか知る方法はありません。[3] [GA, 23] [4]

などにもとづきながら、上の構造をつぎの一から三のようにリニアにも展開表現できる。

　一．周囲環境の置かれているその場所すなわち固有な site をめぐって idea という力が発生されるのを待つ。

　　site という場所、そこの照顧において、見ることの習慣的な仕方が遮断されて、idea という力の発生されるのを待つ。―site の照顧とは、その site の脈絡のごく簡易な複製をつくることではない。いいかえれば、或る場所の相貌を明らかにすることとは、その場所のもつ appearance 見かけを確認することではない。したがって、見ることの習慣的な仕方が遮断されて、このとき idea という力の発生されるのを待つ。[5]

　　建築と site とが、体験的に結びつくため、メタフィジカルにつながるため、詩的につながるための idea、この idea という力の発生されるのを待つ。いいかえれば、建築と自然とが場所のメタフィジクスにおいて接合されるための idea という力、この idea という力の発生されるのを待つ。その際、site を、建築する建築を、それらのむすびつきを、フィジクスの態度において（科学的、超越的に）とらえることから、建築家はいったん特別なし方で離れなければならない。[6]

　二．idea の発生へ至るために、かかる時間はそのつど異なり、どれだけ時間がかかるのかわからないが、はじめは直観的に漂う、つまり、言葉や文章を書きとめ、ドローイングやスケッチをたくさん描く。

　三．発生された idea という力によって design が主導される。

3. 作品生成という実践にみられる思索（建築作品化としての思索）の様相

ホールの言葉についての以上のような分析とともに、作品化というホールの建築すること—「Makuhari Housing 幕張 集合住宅」すなわち「幕張ベイタウン　パティオス 11 番街」（本章では「幕張」と略して呼ぶことにする）という建築すること—についてその実践における建築的思索（詩作）を分析しよう。「幕張」にはおおきく以下のような流れ（リニアな展開流れ）と分節とをとらえうる。

3.1　還元としての移行

$$\text{site (appearance [An, 9], …)}$$
$$\downarrow$$
$$\text{idea} - \text{site}$$

（一．site の appearance 見かけをとらえるのではない、site との出会いへ。建築することのはじまりのはじまりというべきことへ。）

　この site は東京湾の干拓によって生み出された土地である。海の埋め立てとは、自然という野生を手懐け住みつこうとする人為のひとつである。海であったところで、その場所への居住にかかわってなにも物語りのなかったところに、ディヴェロッパー等により物語りが被せられつくられていった新しいまち(ニュータウン)内にホールの「幕張」は制作されることになる。

　前提プログラムとしては、千葉県企業庁という地方（首都圏）公共団体そしてその公共団体と共同するディヴェロッパーら主導によるその場所についての覆いとしての物語りがあるとともに、都市デザインガイドライン[7]と呼ばれるルールが与えられており、ホールがかかわる前の、この新しいまちのすでにつくられてきていたもろもろの部分も、それら前提プログラムを吸収しつつ制作プログラムを構成したものであった。ホールの制作プログラムももちろん前提プログラムを吸収することになる。

ガイドラインというルール内には1街区に複数の建築家がかかわることももとめられていた。ホールのほかにふたりの建築家、曾根幸一（環境設計研究所）と榎本敏雄（KAJIMA DESIGN）が参画することになる。ホールはこの街区の制作プログラム全体を統合するdesign上のコンセプトの提案を任せられたマスターアーキテクト的役割を担い、街区内全配置計画を提案するとともに、住棟と住棟とを接続する位置や中庭に配された6つの小屋とも呼びうる小建築作品と中庭を含む外構の基本設計から実施設計、工事監理を行なうことになる。曾根は「計画設計調整者」という名で呼ばれ、他街区との調整を受けもつとともに、東と南の各住棟内部の基本設計から実施設計、工事監理を行ない、榎本は「ブロックアーキテクト」と名づけられ、建築家間の意見の調整、対官折衝、対クライアント（事業者＝依頼者＝施主＝ディヴェロッパー）打合せの窓口となるとともに、北の住棟内部と（2つの中庭を形成するかたちで）L字型に折れる西の住棟内部と地下駐車場の基本設計から実施設計、工事監理を行なう。[GJ, 74, 80-83, 92-93]

ホールは街区全体のdesign上のコンセプトを提案することになるが、ホールがまず見出そうとしたのは、design上のコンセプトである制作プログラムを導く（つまり、designが終始導かれる）コンセプト（コンセプトのコンセプト）であった。それはプログラムではなく、プログラムを超え、プログラムと異なる位相をもつが、プログラムというdesignに属するもろもろにひとつの傾向を与える隠れた磁場のようなものである。それをホールはideaと呼ぶ。

前提プログラムに含まれる景観等についてのルールを吸収してすでにつくられてきていたこの新しいまちのsiteをまず体験してのホールは、

　　　グレーとベージュ、退屈で、単調で、陰鬱な景観です[8]　[GA, 56]

と語るとともに、

　　　……モスラは怪獣ですけれども善い怪獣です。幕張という都市は何かシュールリアルで奇妙なモスラのようなタイプを必要としていると感じ

第 8 章　建築家のサイト　143

ました[9]［GA, 56］

と語る。1992 年 10 月 13 日の日付をもつ一水彩画（水彩画 1）はそうしたなかで描かれる。

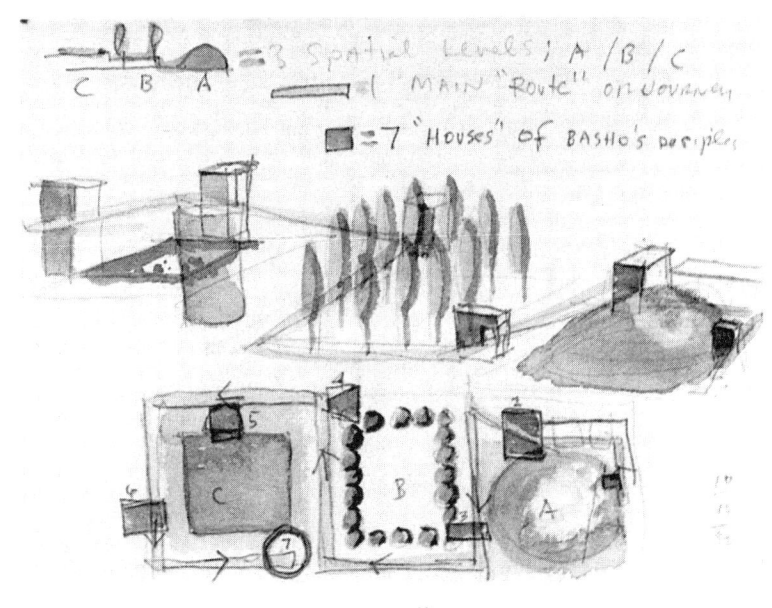

水彩画 1[10]

1992 年 10 月 13 日の日付をもつ水彩画
断面図とアイソメ図と平面図　＝
3 つの地盤レヴェル；A/ B/ C　＋
1 本の主な「ルート〔細道〕」　＋
7 軒の芭蕉のかかわる「家々」

（二．idea の発生。）

　この水彩画には BASHO 芭蕉という言葉も記されている。『奥の細道』によむ芭蕉という。[11] ほぼ、芭蕉の〈所在と行旅〉についてのホールの想起としての idea であり、建築家にやってきた〈風景の感情〉[12] とよべるものである。[13] 松尾芭蕉は『奥の細道』において、

日々旅にして、旅を栖とす。

と、常住の旅人のまなざし（自覚）を示した。ホールが建築することにもとめることはつぎのような言葉に現われている。

ぼくにとっては建築の潜勢力とは詩に関係があります。感じ、体験するもののもつ深さ（depth）＝奥行き（depth）や静穏な存在に関係があります[14]［GA, 32］。

芭蕉の自覚をこの「幕張」の idea として浮かび上がらせたのは、ホールなりに深さや静穏な存在をここでの建築することという制作にひそませたかったからである。

site に待たなければならなかったのが、その idea であったが、そのように示される idea と重なりあう、「つよい現象的なるものをもつ空間の実現（to realize space with strong phenomenal properties）［In, 16］」のための模索がホールにはある。idea と重なりあう、日々の建築体験の断片を前もってつくりあげることの模索である。この模索のためにまた水彩画を描き、模型をつくる。

3.2 design への移行

  design
   ↑
  idea

（三．idea と design。）

design への移行においては、ホールへ与えられる前記した前提プログラム（与えられる design の断片）の吸収の反映があり、また、ホールとおおきなずれをもちつづけるクライアントとのさまざまなぎくしゃくの反映がある。

すなわち、中庭（パティオ）を形成しながら、housing blocks 諸住棟が中庭を

とり囲むこと、それら住棟が立面的に三層構成をもって周囲の道路に面すること、約200戸という収容住戸数等々は、前提プログラムに含まれていたことである[15]。また、福岡の集合住宅でホールが用いていた壁面テクスチュア（打放し仕上げへ色をつけつつその上にステインをかけ、つや消しされ、微妙にさびた感じを醸す仕上げとする鉄筋コンクリート）を「幕張」のとり囲む大きな住棟たちにおいてもホールは実現させようとするが、クライアント（三井不動産グループ）は住棟の壁面を強硬にピカピカなアクリル系塗材によって覆わせてしまう、という事態[16]にみられるような、ホールとクライアントとのおおきなずれの反映がある。

〔建築写真家二川由夫の「合衆国でのあなたの仕事を知っています。それには或る質のテクスチュアがありますが、この幕張プロジェクトは合衆国でのあなたの諸々のプロジェクトと同じ仕上がりのようには見えませんね」[17]［GA, 59］という問いかけに応じて、〕そうです。ぼくたちは最善を尽くそうとしたのです。日本語にはわび・さびということばがあります。僕がなぜ未完のありさまにみえる黒いコンクリートのステイン仕上げや未完のありさまにみえる塗り工事の色つけにこだわるのか、真鍮のさびにこだわるのか、クライアントに説明しましたが、これを理解してもらうのは難しかったようです。[18]［GA, 59-60］

それらdesignの属する相へ移行するあたりでつくられている模型や水彩画には、ideaと重なりあう知覚の断片を前もってつくりあげようとする模索が見られる。それら模索する水彩画でこれまでに公表されているものを以下に並べるとともに、現実につくられたものの写真をその横に置いてみたい。

水彩画 2[19]　　　　　α）

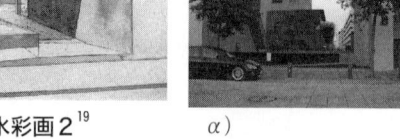

水彩画 3[20]　　　　　β）

水彩画 4[21]　　　　　γ）

水彩画 5[22]　　　　　δ）

水彩画 6[23]　　　　　ε）

ideaの水彩画の「1本の主な『ルート〔細道〕』」に記されている矢印の流れに沿うであろう体験の順に並べてみた。

ideaをほうふつとさせるものたちが、「地〔In, 117〕」としての大きな諸住棟や空や大地にたいする「図〔In, 117〕」となって浮かびあがることで、ideaと映しあうdesignへの移行を遂げている。

地と図という枠組みをホールはさらに、静的と動的という枠組みとしても展開する。すなわち、「Heavyweight = Bracketing Blocks = Silence　重い＝ひとまとめに括るブロック〔住棟〕たち＝静けさ〔In, 116〕」と「Lightweight = Activists = Sounds　軽い＝動きをもつもの〔舎〕たち＝音たち〔In, 116〕」というdesign上の枠組みを、コンセプトのコンセプトとしてのideaから導くとともに、ideaと映しあう、design上のコンセプトとする。design上のコンセプトのもと、図であり動的であるべきものたちが現実にもそのように活きるために、ホールは、地であり静的であるものとしての住棟諸ブロックの、微妙な折れや大開口づくりという諸変形を含む繊細な布置を決定することにより、静的なさらに背後の地としての空や街区外への抜けをつくり、中庭をなす2つの地盤レベルを含む3レベルを最終的に位置づける。

α）の視知覚の的のあたりには背後の地としての空への空間の抜けと対比的に「house of blue shadow 青影舎〔以下も同じく In, 116〕」と呼ばれる家と「fallen persimmon house 落柿舎」（芭蕉の弟子去来の草庵でそこに芭蕉を迎えることになった家）の名で呼ばれる家が見える。β）の視覚の的のあたりにはやはり空間の抜けと「落柿舎」が見える。γ）の出発地点（この地点は建設予定地外の土地）を振り返る視覚の的あたりに見える水彩画内の家は実際にはつくられなかった（呼び名は不明だが、ideaの水彩画ではこのつくられなかった家を入れて7軒）。その視覚の的あたりにはやはりちょうど対比的に空間の抜けをもつ。δ）の視覚の的のあたりには、空間の抜けはないが、背後の空と諸住棟に対比的に「water reflection house 水映舎」とその右上方の「sunlight reflection house 反陽舎」と呼ばれる家が見える。ε）の視覚の的のあたりには背後の空への空間の抜けがあり、その右やや上方で、空と重なる諸住棟を

ζ)

地としつつ、「color reflection house 幻彩舎」と呼ばれる家が図として視線を引き寄せる。最終地点にあたる「house of nothing 無舎」と呼ばれる家(写真ζ)内上方のもの)がこれら公表されている水彩画にはあらわれてくるものがないが、公表されていないものには同様にあらわれているのであろう。

4. 今後の究明を待つもののひとつに

桑子敏雄は、

> ソクラテスは、自己の探究と風景の探究とをまったく別のものだと考えている。ソクラテスの探究は、ひたすら自己自身に向かう心の問題となり、内面の問題となる。風景への無関心は、身体からの離脱という事態と深くかかわっている。[24]

と述べる。スティーヴン・ホールにおける idea と design との間のくり返しの往還の目指すこととは、ソクラテスを想起させる idea という語を用いるものの、自己の探究と風景の探究とを重ねあわせようとする試みであるといえる。しかし、「幕張」におけるホールという建築家とクライアント(依頼者)とのずれとはどういうことであったのか。本章「3.2」の冒頭に記したようなずれを含むこの二者の間のずれとはどういうことであったのか。[25] 直接のクライアントはディヴェロッパー・三井不動産グループであったが、この

クライアントの（連鎖におけるつきつめた）クライアントというべき者とは、ディヴェロッパーに、自分たちの限定的収入と短すぎる時間において、手に入れうる住居の夢を開発するよう結果的に託している、現代日本のわたし達である。

※図1と図2は著者作図、写真はα）からζ）まで全て筆者撮影。

注

1 　千葉県内三地点、すなわち千葉市とりわけ幕張新都心（学術・教育の核）、木更津市とりわけかずさアカデミックパーク（研究開発の核）、成田市とりわけ成田国際空港都市（国際的物流の核）、これらを、それぞれを集積整備しながら新しい幹線道路体系によって三角形に結び、その三角を中心に、それを含みとり巻く千葉県全域を、より均衡よく地域づくりしていこうと構想されたもの。（『千葉県ホームページ』内「千葉新産業三角構想」、http:// www.pref.chiba.lg.jp/ syozoku/b_soukei/ seisaku/outline/vision/big-pj-j.html、等、参照。）

2 　小野育雄、2007、「スティーヴン・ホールの建築的現象」（『日本建築学会計画系論文集』、第617号、日本建築学会、2007年7月、201-206頁）。

3 　the site is unique, and therefore the idea that drives the design, the force that drives the design has to be generated around that locus of circumstances. In the beginning I intuitively drift. I'll write words and sentences make a lot of drawings and sketches. There's no way of knowing how long it will take to get to an idea.

4 　ホールの言葉等引用文献の略号は以下による。（略号の後に引用部頁番号を記す。）

[An]; Steven Holl et al., *Anchoring, Third Edition,* Princeton Architectural Press, 1991.

[SH]; *SHINKENCHIKU, May 1996*, SHINKENCHIKU-SHA, 1996.

[GA]; S. Holl et al., 'Steven Holl', *GA Document Extra 06*, A.D.A. EDITA Tokyo, 1996.

[GJ]; *GA JAPAN 20*, A.D.A. EDITA Tokyo, 1996.

[In]; S. Holl et al., *Intertwining*, Princeton Architectural Press, 1998.

[EL]; S. Holl et al., 'Steven Holl', *EL croquis 78+93+108*, EL croquis editorial, 2003.

　ホールの言葉については、日本語への翻訳が上の文献に含まれる場合にも、本章のために上の文献の原語からすべて翻訳し直している。

5 　Through a link, an extended motive, a building is more than something merely fashioned for the site. ... /...Illumination of a site is not a simplistic replication of its "context"; to reveal an aspect of a place may not confirm its "appearance". Hence the habitual ways of seeing may well be interrupted.［An, 9］

6   It〔site〕is its〔building's〕physical and metaphysical foundation. The resolution of the functional aspects of site and building, the vistas, sun angles, circulation, and access, are the "physics" that demand the "metaphysics" of architecture. ... /Building transcends physical and functional requirements by fusing with a place, by gathering the meaning of situation. ... / Architecture and site should have an experiential connection, a metaphysical link, a poetic link. ... /... Architecture and nature are joined in a metaphysics of place〔An, 9-10〕

7   都市計画の専門家という立場での建築家・曾根幸一らによって千葉県企業庁においてまとめられた。都市デザインガイドラインとは、後述する「中庭を形成しながら housing blocks 諸住棟が中庭（パティオ）をとり囲むこと、それら住棟が立面的に三層構成をもって周囲の道路に面すること」等々のルール。

　　幕張方式と呼ばれるこの都市デザインガイドラインについては、多くの論者がさまざまなところでとりあげ論じている。例えば、宮脇勝・平岡幸・李元載、2005、「沿道型都市デザインガイドライン」（『総合論文誌』、No.3、日本建築学会、2005 年、30-31 頁）ほか多数。

8   is a gray, beige, boring, drab, depressing landscape

9   ... Mothra is a monster, but a good monster. I felt that the city of Makuhari needed some strange surreal Mothra type

10 〔SH, 138〕ほか。

11 〔GJ, 75〕ほか。

12 大森荘蔵のことばに「風景の感情」というものがある。大森荘蔵、1996、「自分と出会う――意識こそ人と世界を隔てる元凶」内（『朝日新聞』、1996 年 11 月 12 日）／1999、『大森荘蔵著作集　第九巻　時は流れず』、岩波書店、383 頁。桑子敏雄、2001、『感性の哲学』（NHK ブックス〔914〕）、日本放送出版協会、215 頁には、大森荘蔵とこのことばについて詳しく述べられている。

13 家たちには〈さび〉た色あいが与えられ、C の水庭とは、ホールがかけがえのない体験をした龍安寺の石庭を想い描いたものという。

　　The pond is my secret homage to my favorite place in Japan, Ryoanji. There's no sand and stone here but if you measure the outline it has exactly the same proportions.〔GA, 53〕

　　その池は僕の好きな日本の或る場所への密かなオマージュです。その場所とは龍安寺です。ここには砂も石もないけれど、輪郭を測れば、厳密に同じプロポーションをもっているのが分かるはずです。

　　この idea についてホールはつぎのように語る。

　　The overall idea is based on a sketch I made thinking of them as an inner journey. This idea of the smallest house that one could live in. I made this sketch after reading the great Basho's book *Long journey to the North*. During his trip, writing his poetry,

Basho stayed in these little huts. [GA, 52-53]

全体 idea は、内なる旅としてそれらについて考え描いたひとつのスケッチにもとづいています。すむことのできる最小限の家というこの idea。僕はこのスケッチを大いなる芭蕉の書『奥の細道』を読んだのちに描きました。旅のあいだかれは詩作し〔俳句をつくり〕、これらの小さな小屋に泊まりました。

Inspired by Bashō Matsuo's The Narrow Road to the Deep North, the semi-public inner gardens and the perspectival arrangement of activist houses form an inner journey. [In, 116]

松尾芭蕉の『奥の細道』からインスピレーションが生じ、セミ-パブリックな〔ふたつの〕中庭と透視図的手法により配置される動的なものたちである家々は、内なる旅をかたちづくる。

『奥の細道』英米語訳のひとつの書名は *Narrow Road to the Interior* である。

14　The potential of architecture is related, for me, to poetry; a calm existence a depth of what you feel and experience.

15　[GA, 44, 48] ほか。

16　[GA, 48-49, 56-60] ほか。

17　I know your work in the United States. It usually has a quality of texture, but this Makuhari project doesn't look like the same finish as in your projects in the United States.

18　No. We tried to achieve those things as best we could. There is the Japanese term wabi-sabi. I explained to the client why I wanted the imperfect stain of the black concrete, or the imperfect coloring in the plaster work, or the patina on the brass, but they had such difficulty understanding this.

19　[EL, 17]

20　[EL, 16]

21　[EL, 17]

22　[SH, 138]

23　[SH, 138]

24　桑子敏雄、2001、『感性の哲学』(NHK ブックス [914])、日本放送出版協会、98 頁。

25　もし、第3章の千代の論考における、感性（体験）を通して「環境を評価するこども」に、このようなズレを知らせると同時に、そのようなズレの意味をそのこどもらと共に考えようとするときがあるとすれば、そのこどもらの評価にどのような事態が生まれるであろうか。

参考文献

ⅰ)

Steven Holl et al. , 1991, *Anchoring, Third Edition*, Princeton Architectural Press.

S. Holl et al., 1994. 'Questions of Perception: Phenomenology of Architecture,' *a+u Special Issue* (July 1994), a+u Publishing.『a+u 建築と都市 1994年7月別冊(「知覚の問題――建築の現象学」)』、エー・アンド・ユー。

S. Holl et al., 1996-1, *SHINKENCHIKU, May 1996*, SHINKENCHIKU-SHA, pp.131-159.『新建築』第71巻5号、1996年5月号、新建築社、131-159頁。

S. Holl et al., 1996-2, *GA JAPAN 20*, A.D.A. EDITA Tokyo, pp.74-93.『GA JAPAN 20』、エーディーエー・エディタ・トーキョー、15、74-93、173頁。

S. Holl et al., 1996-3, 'Steven Holl', *GA Document Extra 06*, A.D.A. EDITA Tokyo.『GA Document Extra 06(「スティーヴン・ホール」)』、エーディーエー・エディタ・トーキョー。

S. Holl et al., 1998, *Intertwining*, Princeton Architectural Press.

S. Holl et al., 2003, 'Steven Holl', *EL croquis 78+93+108*, EL croquis editorial.

ⅱ)

前田忠直、1994、『ルイス・カーン研究――建築へのオデュッセイア』鹿島出版会。

ⅲ)

大森荘蔵、1996、「自分と出会う――意識こそ人と世界を隔てる元凶」(『朝日新聞』、1996年11月12日) ／1999、『大森荘蔵著作集 第九巻 時は流れず』、岩波書店、382-383頁。

桑子敏雄、2001、『感性の哲学』(NHKブックス[914])、日本放送出版協会。

ⅳ)

小野育雄、2007、「スティーヴン・ホールの建築的現象」(『日本建築学会計画系論文集』、第617号、2007年7月、日本建築学会、201-206頁)。

ⅴ)

Joseph Rykwert, 1976, *The Idea of a Town: The Anthropology of Urban Form in Rome, Italy and the Ancient World*, Faber and Faber. (前川道郎・小野育雄共訳、1991、『〈まち〉のイデア――ローマと古代世界の都市の形の人間学』、みすず書房)

朽木順綱、2005、「アルド・ファン・アイクの建築思想における「対現象」の概念について――ドゴン集落に関する論考を通して」(『日本建築学会計画系論文集』、第596号、2005年10月、日本建築学会、191-198頁)。

南泰裕、2006、『トラヴァース』、鹿島出版会。

ⅵ)

別役実、1980、『電信柱のある宇宙』、白水社。

赤坂憲雄、1991、『山の精神史―柳田国男の発生』、小学館。

若林幹夫、1992、『熱い都市 冷たい都市』、弘文堂。

加藤典洋・竹田青嗣、1992、『世紀末のランニングパス　1991-92』、講談社／1998、『二つの戦後から』（ちくま文庫）、筑摩書房〔1992年版単行本の文庫化〕。

加藤典洋、1994-1、『日本という身体——「大・新・高」の精神史』（講談社選書メチエ 10）、講談社。

――――、1994-2、『なんだなんだそうだったのか、早く言えよ。―ヴィジュアル論覚え書』（五柳叢書）、五柳書院。

上野千鶴子、1994、『近代家族の成立と終焉』、岩波書店。

宮台真司、1995、『終わりなき日常を生きろ』、筑摩書房。

小野育雄、2001「上無田の松尾神社改築について——現代日本における建築することをめぐってのアンチノミーに関する研究」（『広島女学院大学生活科学部紀要』、第 8 号、2001 年 3 月、広島女学院大学、241-253 頁）。

松葉一清、2004 、『新建築ウォッチング 2003-04　TOKYO EDGE』、朝日新聞社。

東浩紀・北田暁大、2007、『東京から考える――格差・郊外・ナショナリズム』（NHKブックス［1074］）、日本放送出版協会。

宮台真司・鈴木弘輝・堀内進之助、2007、『幸福論――〈共生〉の不可能と不可避について』（NHK ブックス［1081］）、日本放送出版協会。

vii）

千葉学・藤本壮介・安田光男・山代悟ほか、2004、『僕たちは何を設計するのか――建築家 14 人の設計現場を通して』、彰国社。

viii）

宮脇勝・平岡幸・李元載、2005、「沿道型都市デザインガイドライン」（『総合論文誌』、No.3、日本建築学会、30-31 頁）。

根本亮・大室康一・蓑原敬・根本義和・坂本紀代子・吉識敬子、2009、「デザインする街―11　住宅で街をつくる〈千葉県・幕張ベイタウン〉」（『INAX REPORT』、No. 177、2009 年 1 月号、INAX 出版、特集 3）。

第9章

古墳と宗教的感性

岡田真美子

箸墓古墳

箸墓古墳は卑弥呼の墓だといわれる。卑弥呼の死の時期は、古墳寒冷期が突如訪れた時期に重なっている。彼女の死後倭国は乱れたとされるのも、この気候不順が関係しているだろう。

出所：Wikipedia フリーウェア

本章の概要

古代の死者儀礼の場とされる古墳を現場として、感性哲学の営みを試る。実際に巨大な周濠古墳のほとりに立ってみると、その濠は地図で見るよりずっと広い。巨大古墳にはなぜ広い周濠があるのか？　古墳は権力者の力を誇示するものなのか？　そこで行われた神祀りとは何だったのか？　これらを根本的に問い直してみよう。従来の歴史学では顧みられなかった当時の気候に関する最近の研究成果を勘定に入れてみると、池や疏水のほとりに残された古墳の姿は全く別のものに見えてくる。それでは新しい古環境ツアーに出発しよう。

1. 宗教的感性の哲学とフィールド

「感性」とは、ものごとを「感じ取る能力」であり、哲学とは、ものごとを「根源にまで遡って考える営み」であるとされる。したがって、感性哲学とは、何かを「感じ取る」ことから、さまざまな関係性について、ものごとの根源にまで遡って考える営みである（桑子、2001、p.23）。

宗教に関する感性哲学は、宗教的事象・心情を感じ取るところから始まる。そのためその研究者は、必然的に、ある宗教的現象が起きた（あるいは起きている）現場に身を置き、その現場で生じた（あるいは生じている）宗教的事象・心情を感じ取り、その根幹を捉える、という営みを行うことになる。

宗教的感性を哲学するためには、従来の仏教学や宗教学だけでは不十分で、考古学、文化人類学、農業土木、政策論などさまざまな研究分野との協働作業を推進力とする必要がある。そのためにも現場に足を運び、あるいは思考のベースを据え、現場で感じ取った新鮮な驚きや好奇心から出発して、根源的な関係性を考えてゆく必要がある。

本章は、古代の死者儀礼の場とされる古墳を現場として、以上のような感性哲学の営みを試み、古墳はなぜ造られたのか、巨大古墳にはなぜ広い周濠があるのか、そこで行われた神祀りとは何だったのか、などについて新たな視点から問い直し、論じるものである。

2. 問い直し：①「古墳は支配者の権力誇示装置だったのか？」

　わたくしの、古代の死者儀礼に関する感性哲学は、自宅がある備前長船で、ため池のフィールド調査をしていた時に、傍らにあった小山に登ったことから始まる。それは自然の小山ではなく、古墳であった。

　長船には、考古学で登場する土器の様式が地名となっているところが2か所ある。ひとつは土師であり、今ひとつは須恵である。このうちの西須恵には、築山古墳という前方後円墳がある。わたくしが登った小山とはこの古墳であった。

　築山古墳は、全長82ｍ、後円部径38ｍの二段築成、古墳時代中期の前方後円墳で、南側くびれ部に造出しがあり、特殊器台埴輪がめぐり二重周濠があった。この古墳の墳頂には、実に無造作に、家形石棺が露出しておかれている。この石棺の石材は、熊本県中央部に位置する宇土半島の北岸、馬門地区のみで採掘される「馬門石」と呼ばれる、阿蘇溶結凝灰岩（俗に宇土のピンク石）であった。石棺は、はるばる熊本から、瀬戸内海を経由して運ばれてきたものだったのである[1]（図1）。

　このような重くて大きな石棺を熊本から運び、牛窓の港に揚げ、そのあと陸路を4キロメートル近くも曳いてきたというのはなんというエネルギーであろう。しかも棺を据える以前に、小山のような古墳を築き、その周りには二重に濠までを掘っているのである。

　古墳というのは、支配者の権力誇示のために、民を使役して建設された、とされることが多い（たとえば、甘粕、1966）。最近の例では考古学者である石部正志氏が、古墳は民衆を代表する王が搾取する階級的支配者になったからできたものとし、3世紀中ごろの箸墓古墳から急に規模が大きくなっているのは権力を誇示するためであると述べている[2]。田園の広がる西須恵の古墳に立って、その説はどこかおかしいと感じた。なぜ、古墳を作ることが首長の権力を誇示することになったのか？　石部氏が、3世紀中ごろに突然首長の権力を誇示しなければならなくなったという根拠はなにか？

　確かに古墳造りには大変な人力を必要とする。古墳を作る労力について、

図1　備前西須恵にある築山古墳の阿蘇溶結凝灰岩石棺
出所：筆者撮影

　大林組のプロジェクトが1985年に行った興味深い試算があることを考古学者の白石太一郎氏が紹介していた。それによると、大仙陵古墳(伝仁徳天皇陵)を古代の工法で造営するとすれば、ピーク時に2000人／日、延べ680万7千人を動員して15年8か月の工期と796億円の工費を要するという（白石、1999、p.10）。これだけの人・財を使える支配者であることを表すことが、古墳造りは権力を誇示する、ということなのであろうか。しかし何のためにそのような力を誇示する必要があったのだろうか？　実際、たった一人の被葬者の権力を誇示するためにそのような事業を行うような余裕が当時の社会にあったのだろうか。

　昨今は、ピラミッドのような巨大建造物も奴隷を駆使して作ったのではない、と考えられるようになっている。建設に当たる人々が心を一つに合わせて行わなければ、そのような大工事は成し遂げられない。強いられ、鞭打たれ、逃亡を恐れて足に鎖をつけられて工事に従事するのでは必ず事故が起こ

るであろう。そのような工事現場はまことに危険極まりないではないか。
　若狭徹氏は、大型墳墓築造は世界史的にも稀有であって、そこに注ぎ込まれた労力が膨大であるということは、「古墳造りが単に「墓を作る」という次元を超え、集団維持や再生産のための社会システムとして不可欠な機能を有していたことを推定される」し、また「それだけの土木工事を支えうる経済力や組織力が各地の在地社会に蓄積されていたことを証明している」と書いている[3]。
　これらの地域力に加えて、古墳が大きくなればなるほど地域同士の連帯、ネットワークの力を感じる。先述の白石氏や吉備考古学の巨人近藤義郎氏らは、巨大周濠古墳が地域首長連合によって相互に築造されあったとしている（Okada 2008）。地域特有の特殊祭具が他地域の古墳にも副葬されるようになったことからもこれは納得できる。こうして人の力を結集した場にこそ、神は降り立ち、「夜也神作」と営みを手伝ってくれたのである。
　築山古墳に立って、古墳の建設は支配者の権力を誇示する以外の意味を持っていたのではないかと考えたわたくしは、後に、その「権力誇示以外の意味」に出会うことになる[4]。それについては追って説明しよう。

3．問い直し：②「古墳儀礼は何だったのか？」

　巨大古墳は支配者の権力を誇示するために建設されたモニュメントという説と並んで有力なのが、前方後円墳は首長霊継承儀礼の場であるという考え方であった。吉備特殊器台と器台形埴輪の関係を解き明かしたことで有名な考古学者、近藤義郎氏の説である（近藤、1986）。
　しかし、広瀬和雄氏はこの近藤氏の「前方後円墳での首長霊継承の儀礼を通して首長権が継承された」という説を「具体的な資料から導き出されたとは必ずしもいいがたい」と批判している（広瀬、2003、p.96）。「それまで蓄積されてきた考古資料とは別次元の地平から、外在的な論理として持ち込まれたかのように見える」というのである。近藤氏の説は広瀬氏にとっては、現場に即して明確に根拠が示されていると納得されるものではなかった。

では、いったい古墳は何のために建てられ、その祭祀は何のためにおこなわれたのであろうか？

古墳儀礼を巡る議論に関して、最近、宗教学者佐藤弘夫氏が整理したものがある（佐藤、2008、pp.61ff）。これを箇条書きにまとめて、各説に仮に名前をつけてみる（《》内に記したものがそれである）と次のようになる。

1. 近藤義郎説（1983）《首長霊継承儀礼説》
古墳に埋葬された前首長の霊を次の首長に継承させるための儀礼。

2. 広瀬和雄説（2002）《外来神格受容儀礼説》
継承される首長霊という観念はない。外部的存在としてのカミがやってきて遺骸に付着して前首長は変身し、新首長とともに地域を守る。古墳儀礼はそのための儀礼。

3. 大久保徹也説（2002）《社会関係示威説》
社会関係を象徴的に再現するための儀礼。古墳築造と埋葬儀礼が、共同体内、あるいは共同体間の権力構造や支配従属関係を人々に再認識させそれを正当化してゆく役割を担う。古墳は権力を誇示するモニュメントである。

4. 佐藤弘夫説（2008）《霊魂封じ込め儀礼説》
霊魂を木々に呼び寄せ、留まらせるための儀礼。古墳は人工的に作られた山で、霊魂を封じ込めのための装置である。

上記の1から3までの説はいずれも想像されただけのものであって、証拠はない。古墳が造られなくなったとき、古墳儀礼の所作の継承というものはなくなったし、祭祀の模様がありありと想像される遺構というものも考古学的には出てこないからである。わたくしたちが見ることのできるのは、祭祀が終了して、その場のしつらえが片付けられたり取り壊されたりした模様だけである。

佐藤氏は、死者を古墳の墳頂近くに埋納し、遺骸を外界から完全に遮断するという埋葬の仕方に注目し、これは死者の霊魂を古墳に封じ込めることであると考えた。さらに氏は、古墳に樹木が生えていることにも注目した。朝鮮半島の古墳がきれいに草刈されている様子と比べると、日本の古墳は木の

生えるにまかせたワイルドな見かけになっている。佐藤氏は『日本後紀』「葬送令」『續日本紀』『文武天皇實録』『續日本後紀』『日本三大實録』の例をあげて墳墓に生えている木の伐採が墳墓の破壊と同等の重大な事件とみなされていることを述べ、カミと樹木の関係を指摘した（佐藤、2008、pp.67-68）。古墳の木々には神霊が憩うことが期待されているというのである。このように佐藤氏は、古墳の埋葬形態と墳墓の姿に即して、古墳に籠められた首長の霊魂と墳墓に生える木々に憩う神霊の信仰を推定し、さらに文献研究によって後付けもした。先の3人の説に比べてフィールドを重視した説であると考えられる

わたくしは佐藤氏の説の封じ込められた首長の遺骸の働きと木々に宿る神霊の素性について、さらに問い直した。それについては後に再び論じる。

4. 根本的な問い直し：③「古墳はなぜ作られたのか？」

3世紀の半ば、突然巨大な前方後円墳が畿内に登場した。それが問い直し1で触れた纏向の箸墓古墳である。葬られたのは倭迹迹日百襲媛命（やまと・とび・ももそ・ひめのみこと）であると伝えられている。伝説では、この媛は、夫である三輪山の大物主神の本性（小蛇）を見たがったことを咎められ、夫に去られたショックでホトを箸で突いて死んでしまったという。

箸墓古墳には二重周濠が設けられていた。2008年8月には前方部の外側に、これまでの想定幅の2倍超である幅60〜70メートルの周濠が作られていた可能性が高いことがわかった[5]。これを報じた新聞は、被葬者の強大な権力を示すものと書いた。周濠は、これを古墳の付属施設と考えると、「四方との人為的隔絶性」（近藤、2001、p.68）を設けるものということになる。

ところが、実際に周濠付き古墳という現場に行って、水を湛えた周濠を見ていると、全く別の考えが浮かぶ。周濠はお城のお堀とは違い、予想以上に広いのである。この周濠の「広さ感」、そこに湛えられる水の「多さ感」は、平面地図を見ているだけではイメージできない。わが身をフィールドにおいて初めて浮かぶイマジネーションなのである。

図 2　崇神天皇陵　やまのべのみちのまがりえのおかのうえのみささぎ　行燈山

出所：筆者撮影

図 3　宣化天皇陵　むさのつきさかのえのみささぎ

出所：筆者撮影

「濠」というが、実に広い。これではまるでため池である。はたして、崇神天皇陵行燈山古墳の周濠の堤にはこのような立札が立っていた：「あぶない！ 水利組合」。御陵は宮内庁の管理下にあるが、周濠は地域の水利組合の管理下にあることが、この立札から窺える。周濠からは用水路が伸びていた。周濠が灌漑用ため池として使われているしるしである。

本章の扉の写真は箸墓古墳の手前に隣接している箸中大池である。このため池は箸中地区より西の地区の水源として地区共有の財産となっている。

フィールドワークでため池をじっと見ていた時にわたくしの脳裏に浮かんだのは、「この池を掘った土はどこへやったのだろう？」ということであった。堤を築くのに使っても土は相当余るはずである。同じ思いが、周濠を見たときにも起こった。残土はどこに？ その次の瞬間、傍らの小山がそれであることに気づいたのである。つまり、周濠は古墳を四方と隔絶するために設けられた「お堀」なのではなく、もともと水を貯めるために作られた水利施設であり、掘削残土を盛り上げて堤体と墳丘を拵えたのではないだろうか？

実際ため池地帯と古墳地帯は重なりあっている。車窓から景観を眺めれば、ため池が観察される地域には、古墳とおぼしき小山が観察されることに気が付くだろう。

しかし、ため池と古墳が同じ地域にあると言うだけではこの《古墳：池溝掘削残土処理説》を説明したことにはならない。そこで手始めに、周濠を掘った土が墳丘に上がっている事例を探したところ、これまでの古墳発掘調査報告の中に5例を見つけ出した[6]。

①纏向石塚古墳。墳丘の中にも、旧地表にも、カラス貝がたくさん入っている。このことから、この古墳は、カラス貝の住む湿地帯に濠を掘って、その土を積み上げて墳丘としたことがわかった（清水、2007、p.7）。

②葛城の馬見古墳群中の巣山古墳も濠を作り、掘り出した土を墳丘および東側外堤に積み上げたという（河上、2006、p.18）。

③埼玉（さきたま）古墳では、墳丘の土を調達するために周濠が掘られたと考えられ、両方の土の量が計算された[7]。

④関東では、群馬県群馬町大字三ツ寺・井出にまたがって所在する三ツ寺Ⅰ

遺跡も、濠の掘削によって排出された土の多くは郭の上面に盛りつけられ、さらに、あまった土砂は濠の外堤として機能した可能性がある[8]。

⑤朝鮮半島東南部の環濠集落遺跡、検丹里(こむたんり)遺跡で推定される環濠は規模が大きく、濠を掘った時に出た土で土塁を盛って城柵を立てた可能性が高い（西谷、1994、p.138）。

古墳築造用土の調達に関してはこれまで問題にされることが少なかったが、周濠に注目してこれまで蓄積された考古学資料を見直したり、あらたに墳丘と周濠の土の調査をしたりすれば、周濠掘削の残土が墳丘に使われている例はさらに多く見つかるに違いない。

同様のことが、用水路についてもいえる。人工の水路、川が掘られた付近にもやはり古墳は見つかる。これらを見ると、古墳という形態は、水利施設建設の必然的帰結であるという考えが生まれるのである。しかし、桑子敏雄氏が指摘しているように「感性は時空的な制約を受けている」（本書第5章、p.95）ので、渇水期の耕作者の視線（これについては次に詳しく述べる）をもって現場に立たないと、水利施設と古墳の親縁性は見えない。そもそも従来は両者の関連に関心がなかったので、佐々木能章氏が述べている「適切な処理方法によってデータを分析して構造化」（本書第10章、p.179）しようにも、それに必要なデータがとられることはまれであった。すなわち、古墳の研究者はため池や用水などの農業水利施設には興味がなかったし、また農業土木の専門家は古墳を研究しようとは思わなかったのである。ここで述べたような古墳のでき方を予想した者がいなかったのはこのためである。[補注(p.172)参照]

5. さらに根本的な問い直し：④「周濠古墳はなぜ造られたのか？」

では、なぜ3世紀の半ばに突然大きな周濠古墳が出現して、6世紀の終わりまでそれが作り続けられたのだろうか。谷をせき止めたり、平地を掘削したりしてため池を作ることは大変な労力と技術が必要とされる大土木工事である。周濠付き前方後円墳を造るために必要とされる労力についてはすでに

問い直し①で述べたように、膨大なものである。何かよほどの事情があったに違いない。

　まず考えられるのは、降雨の多い地域では、ため池を作ろうとは思わないだろうということである。古代、ため池を中心とした水力社会を築いていたスリランカも、ため池はドライゾーンに集中している。日本では、北九州、讃岐、吉備、播磨、大和、濃尾、北関東がそれに当たり、実際ため池と多くの古墳がみられる。

　次に考えたのは、3-6世紀に巨大な周濠付き古墳が出現するのは、ドライゾーンが一層ドライになるという事態が起こったのではないかということである。古気候の研究を探索したところ、阪口豊氏の尾瀬ヶ原泥炭層の花粉分析研究があり、果たして、3-6世紀は寒冷期に当たっていたことがわかった。気候は紀元前246年に急に寒冷化した。この寒冷期は390年ころの中休みによって2期に分けられ、気温は前期では270年ころ、後期では、510年ころに最も落ち込む（阪口、1995、pp.8-9）。

　中国でも同様のことが観察される。吉野正敏氏によれば、300-600年は、中国の北または西からの遊牧民の侵入が顕著に多かった時期にあたり、寒冷で旱魃が頻発し、降砂回数が多く、日照不足であった（吉野、1995、p.23）。この時期の中国は群雄割拠の五胡十六国時代で大国がない。朝鮮半島は高句麗が南下して、百済、新羅、伽耶連合と戦争ないしは緊張関係にあり、わが倭も五王がめまぐるしく交代している。世界史を紐解くと、フン族の侵入、ゲルマン人の移動、西ローマ帝国の滅亡などがこの時期に当たっている。

　このように世界的な寒冷乾燥の時期にあたり、人々は気候不順と水不足に苦しんだことがうかがえるのである。中国の遊牧民の侵入、高句麗の南下などは、日本に渡来人がその時期多く訪れる理由でもあっただろう。渡来人たちは先進技術、なかでも、鉄製の道具を生産する技術に優れていた。この技術がため池をつくり、古墳を作る原動力となったことは容易に想像できる。冒頭で述べた築山古墳のある備前須恵の里も、渡来人である秦氏の一大居住地であったことが記録されているのである。

　日本で初めてため池を造った公式記録は、日本書紀の崇神紀六十二年であ

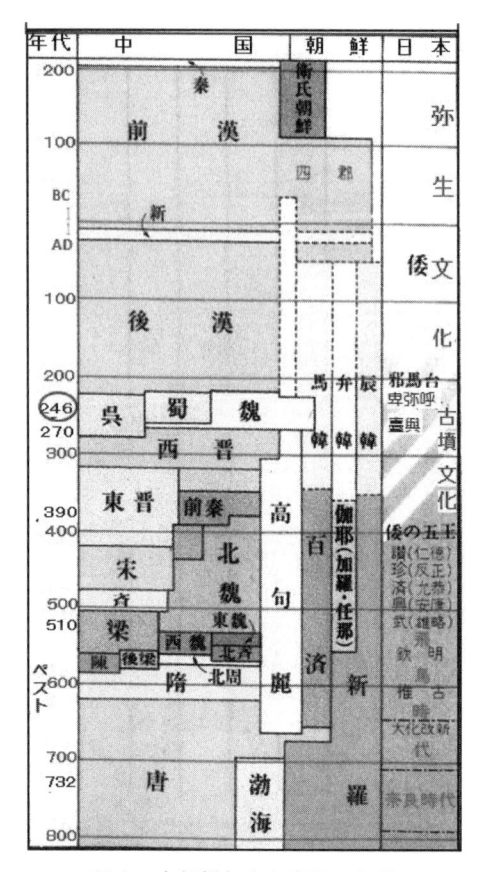

図4　中朝倭年表と寒冷の年代
出典：児玉幸多編『標準 日本地図』吉川弘文館、p.4 ④図を元に筆者改作。

る。崇神天皇は「農は国の本なのに、いま河内の狭山の田圃は水不足で、そのために民は農事に励まない。ため池や水路を掘削すれば民もくつろぐだろう」[9]と言い、3つの池を掘らせている。これが日本初の旱魃記録である。

崇神紀には日本初の疫病記録も記される。国内には疫病が多く、民の死ぬものは国の半ばを超えた（崇神5年）[10]。百姓の流離するものや反逆するものの勢いは徳を持って納めようとしても難しくなった（崇神6年）[11]。崇神7年には、「思いがけず、我が世になってから数々の災害が起こっている」と

天皇は嘆いている。この崇神天皇の時代は上記に述べた寒冷期とはずれるのだが、同じ崇神紀に、箸墓古墳（3世紀半ば建造）を作ったという記録が記されていることは注目すべきである。こちらに主軸を置くならば、崇神紀の疫病、天候不順の記述は3世紀半ばころの叙述と考えてよいことになる。

また、3世紀半ばというと、中国の文献に女王国の卑弥呼がいたと記される時代とも重なる。箸墓古墳は卑弥呼の墓だという人も多いのである。実に卑弥呼の死の時期は、阪口氏が指摘した寒冷期の訪れた時期に重なっている。彼女の死後倭国は乱れたとされるのも、この気候不順が関係しているだろうと推定することは可能であろう。

以上のことから、古墳時代の始まりは寒冷乾燥期の始まりに当たり、周濠古墳は旱魃に苦しんだ人たちが総力を結集して建設した農業水利施設であったと考えられる。古墳時代はまた、ため池時代であった。水は一滴も無駄にしまいと大切にされ、寒冷ゆえに貯めた水を温める必要があり、狭い田を棚田状に作ることは効果的であった。それらを設ける技術もまた、ため池築堤の業が生かされたことであろう。

やがて、寒冷乾燥期は寒冷湿潤期へと移行し、さらに温暖期に向かってゆく。それとともにため池が新たに掘られることもなくなり、周濠古墳も作られなくなるのである。そうして地域首長連合は解消の方向に向かい、白村江の戦いでの大敗（663年）が決定的要因となり、新しい社会秩序、律令国家が誕生するという流れになったのであろう。

6．問い直し：⑤「古墳儀礼は何の神を祀ったのか？」

こうして世界的寒冷乾燥に苦しんだ稲作漁撈民が祈ったのはなにより「降雨」であったろう。「雨乞い」の切実さは今も備前や播磨の農民たちに伝えられている。備前にはつい先ごろまで、紙で作った傘鉾を上げて降雨を祈る習慣があった（**図5**）

周濠古墳での儀礼で降雨を祈る相手として予想される神はだれか？　―龍神という答えが予想されるところであるが、降雨を司る龍神という考え方は、

図5　雨乞いの傘鉾（長船町磯上山田　昭和27年撮影）
出所：写真提供、浦上宏氏

法華経の八大龍王などの仏教思想が入ってきてからであろうと考えられる。そこでわたくしが注目するのは、ちょうど3世紀ころ伝来し6世紀ごろまで皇祖神として重んじられたと言われる「タカミムスヒ」の神である。先ごろ古代史研究者溝口睦子氏が上梓した『アマテラスの誕生』（溝口、2009）はタカミムスヒから皇祖神がアマテラスに交代した経緯を丹念にたどっている。しかし溝口氏はタカミムスヒをアマテラスの前の日神であると結論付けた。

　同じ日神ならタカミムスヒとアマテラスはなぜ交代するのか？　わたくしは、二つの神の性格が同じではないと考えている。寒冷乾燥期の人々が祈る神と、寒冷湿潤期の人々が祈る神が同じであるわけはないからである。結論から言えば、わたくしは、古墳で祈られたのが、その属性故に、このタカミムスヒの神であろうと考えるのである。

　第1にタカミムスヒの神は別名を「高木神」という。しかし、木材を守護する神ではない。高い木に宿る神なのである。

　第2に、タカミムスヒの神が人々の祈りを受けた時代は古墳寒冷乾燥期である。

　第3に、タカミムスヒは北方ユーラシアに起源をもつ「天帝」の性格を持っていると言われる（溝口、2009、p.84）。朝鮮半島を経由して我が国にやって

きた人々によって伝えられた外来神である。たとえば高句麗の有名な檀君神話が「天」としている神はだれか考えてみる必要がある。

　タカミムスヒの神とはいったい誰なのか？

　第1に対して：古墳の上には木が植えられ、その木は伐採することは禁じられた。佐藤氏は、遊行する神がその木に降りて憩うようにと述べた。タカミムスヒは高い木に宿る「高木神」である。高い木に降りる神とはなにか？ 今はどの神も神籬（ひもろぎ。ひ・あもる（＝降りる）・木）に降りるものだと考えられている。しかし、その神籬は日本書紀では天孫降臨のときに、タカミムスヒが作って祀るようにと与えたとされている。タカミムスヒ由来のものなのである。

　ここで感性を働かせて、現実に高い木に神が下りたと思われるシチュエーションを考えてみよう。それは、カミナリである。「ひ」は「たましひ」の「ひ」で神霊を意味するとされているのであるが、同時に、ここでは「光」であり「火」である。つまり高い木に降りて憩う神とは、雷神をいうのではないか。

　第2に対して：雷は神鳴りであり、稲光を伴い、古墳寒冷乾燥期の稲作漁撈民に待望される待望された雨の前触れである。

　第3に対して：高句麗の好太王碑には初代王朱蒙が天帝の子で、母は河伯女郎（水神の娘）と書かれている。一方、朝鮮建国譚である檀君神話の「天帝」はその名を「桓因」といい、地上に降りてきた「天帝」の子は「桓雄」である。檀君神話の研究者たちは指摘していないようであるが、「桓因」とは「釋堤桓因」の略である。「釋堤桓因」とは、Śakradevendra の音訳で「帝釈」「因陀羅」とか訳されるインド起源の神である。東南アジアにも広くその信仰は広がっていた。それはなぜか？　インドラは神々の神で、戦士の神でもあるが、なにより、雷の神なのである。インドラの武器「金剛杵」はダイヤモンドでできており、輝きながら飛ぶ稲妻である。すなわち、高句麗の天帝は雷神帝釈天だったのである[12]。

　以上から、わたくしはタカミムスヒは単に日神であるのではなく、日照り（＝旱魃）の神、雷神であったと考えるものである。乾燥地帯では雨をもたらす雷が重んじられた。ギリシャ神話の主神は雷の神ゼウスであり、インド

の神々の神もまた雷の神インドラである。このインドラ信仰はヴェーダ、ヒンドゥーのみならず、仏教にも取り入れられ、帝釈天、因陀羅大将として信仰を集めた。恐らくその信仰は旱魃という天候不順時に高まりを見せたことであろう。佐藤氏のいうように古墳に木が植えられたのも、元はと言えば、雷神タカミムスヒの降臨を祈る表れではなかったのか。

7. 古墳の水祭祀

　さらに古墳造り出し部で水祭祀が行われたらしいことは、最近の考古学研究で盛んに言われ始めていることである。

　大王たちの巨大古墳＝周濠ため池での祭式の道具として注目されるのは、吉備特殊器台、とその継承である円筒形埴輪（特殊器台埴輪）である。吉備特殊器台は他の地域の者たちには作り出すことのできないもので、吉備の首長たちの祭祀に捧げられたものであった。その継承である円筒形埴輪は、3～5世紀には吉備以外の周濠古墳から見つかっている。

　ところが、これまで、円筒埴輪（特殊器台形埴輪）が周濠水中に起立していたと考えた学者はいないようなのである。では、周濠水中に吉備特殊器台や特殊器台形埴輪が立っていたと考えることは根拠のない想像か、といわれると、そうではない。宇垣匡雅氏（岡山県庁文化財課）は、吉備特殊器台が見つかった95地点中4分の3が墳墓であるが、4分の1はそれ以外であることを紹介し、「以前は、特殊器台は墓専用と思われていたが、川の中から出土する例もかなりあることがわかってきた。それらは水の神に供えたものと思われる」と語っていた（宇垣、2008）。

　吉備特殊器台、円筒埴輪（特殊器台埴輪）は、東海の特殊壺や、高杯形埴輪、水鳥形埴輪や、船形埴輪を据え、周濠に立てられ並べて供えられることこそふさわしいと考えられるのである。

　事実、狼塚古墳からは、特殊器台埴輪列とかなりの水鳥形埴輪の破片が一緒に出ている（福田、2005、p.66）。水鳥の埴輪をじっと見ていると、円筒台の受け口に嵌めるのに都合のよい筒型の台が付いていることに気付く（**図**

図6　水鳥形埴輪（巣山古墳）

出所：河上、2006、図19

6）。この水鳥埴輪は円筒埴輪（特殊器台埴輪）に乗っていたと考えるのほうが自然であろう。狼塚古墳と言えば、北側のくびれ部に導水施設形埴輪が出土し、先に述べたように水祭祀が行われたことがわかっている古墳である。水祀りに際して、吉備特殊器台は水鳥を乗せて、泳いでいるように見せる祭具としては最適ではないか。水祀りの場、宝塚1号墳からでた舟形埴輪もやはり円筒台の受け口に嵌めるのに都合のよい筒型の台が付いていて、事情は全く同じである。

　これらから、吉備特殊器台を継ぐ円筒埴輪は墳頂で祭祀に使われただけでなく、周濠やため池の堤や水中に立て、水祭祀において重要な働きを果たしたと推定する。

8. 古墳の心情的風景

　ここでは特殊器台形埴輪のみを論じたが、水祭祀に関しては導水施設を模った形象埴輪などが見つかっており、これらについては別稿で論じた（岡田、2009）。

　本章で論じたことは、①3-6世紀の古墳寒冷期と言われる時代に人々はため池（周濠を含む）や、地域の水路を掘った残土で古墳を作り、②亡くなった首長を心柱・人柱として納め[13]、③墳頂で、高木神を祀り、古墳周濠で水祭祀を行い、水利・水防施設の堅固であることと、豊かな水が秩序をもって

確保されることを祈ったのであろうということであった。これらいずれも、周濠古墳というフィールドに立って感じ取られた宗教性から展開した説で、過去の研究者たちには考えられたことがない大胆な仮説である。今後さらに手堅い検証を積み重ねていくことを目指したい。

周濠古墳としての巨大ため池築造プロジェクトは、地域力の結集を意味した。立派に出来上がった周濠古墳ため池をみて、人々は、支配者の権力に圧倒されたのではなく、この大事業に携わった者たちが共同してやり遂げたことを尊く思い、実際に築造に当たった者たちやそれを支援したものたちは、自らのネットワーキングを誇りに思ったであろう。このように古墳に関する感性哲学的宗教フィールドワークは、従来とは全く異なるため池と古墳の心情的風景をわたくしたちに与えてくれたのであった。（2009.3.26 脱稿）

注

1　長船町の他の遺跡同様、十分な考古学的調査は行われていない。石棺の希少性を考えるとこのような状態での保存でよいかどうかは疑問である。関礼子氏が本書で書いている「フィールドミュージアム」（p. 72）のような枠組みで、古墳とその周辺をそっくり保存することの必要性を感じる。

2　http://www.jcp-osaka.jp/2009/01/post_590.html

3　若狭、2004、pp.5-6。他にも同様に考え方はみられる：「古墳の墳形や規模をもって、首長個人の権力の強弱を問題にする議論にも賛成しがたい。なぜならば、それは首長に代表される地域全体の墳墓という性格を持っているから、古墳の規模は地域全体の力の反映」（藤井編、2001）

4　古墳そのものの建設のみならず、出土品に関しても、これを為政者の「威信財」と見ることに対してわたくしは懐疑的である。古墳には農具が副葬されており、祭具も多く残されていた。

5　『朝日新聞』2008 年 8 月 28 日社会 30 面。

6　詳しくは、岡田、2009。なお、5 例目は古墳ではない。

7　高橋、2005、p.82。「丸墓山古墳の周濠は（墳丘の）土を確保するため<u>湧水にもめげず深く掘った</u>」と報告されている。しかしわたくしは逆に：「<u>湧水があるからこそそこに周濠を掘り、その土で墳丘を築いた</u>」（溜井）と考えている。

8　若狭徹、2004、p.20。広瀬和雄氏によると、濠の掘削によって排出された土は推定 24,000m^3。

9　「今河内狭山埴田水少　是以　其國百姓怠於農事　其多開池溝　以寛民業」崇神

六十二年秋
10 「國内多疾疫　民有死亡者　且大半矣」
11 「百姓流離　或有背叛　其勢難以德治之」
12 問題は檀君神話の成立期である。現在残っている文献は13世紀のもので、それがもとにしたとされる「古記」は伝わっていない。しかし、他の神話がそうであるように、その伝承の発生自体はもっと古くにさかのぼることができるであろう。渡来系の高野新笠を母にもつ桓武天皇の「桓」や、英彦山縁起に出てくる藤原恒雄という名前は檀君神話の影響とも考えられる。
13 わたくしは古墳祭祀に関しては《首長人柱奉献儀礼説》を採りたいと思う。古墳祭祀は、亡くなった首長を心柱・人柱として納める儀礼ではないかとかんがえる。後にため池や川の堤防の改修にも人柱を立てる例が少なからずある。

補　注

　原稿を提出してから2年が経過した。その間に九州大学大学院工学研究院島谷研究室研究員の山下輝和氏から周濠に関する考古学者以外の2つの言及を御教示頂いたので、それをここに付記しておきたい。その1は内務省土木技師であった藤芳義男（のち熊本大学教授）のものである：「（仁徳天皇陵は）世界でも有数の大古墳であるが、帝王の威力を示すにしてはあまりに壮大すぎる。実は豪壮な灌漑用溜池を造るのが目的であったのだ。現在もなお灌漑に用いられている」（『巨石文化と太陽暦の謎』新國民社1981、p.11）今一人は農業経済学者の玉城哲である。彼は、『稲作文化と日本人』（現代評論社1977）のなかで、巨大古墳の周濠はもともと水田の灌漑用水源として使われていたいわば溜池だった、と述べていた。両者とも周濠がため池であったことを言い、前者は古墳が支配者の威信を示すためのものではなかったということ、後者は、古墳と周濠は一体の施設だと述べている点、別個のアプローチをとった筆者の推論に同じであり心強く感じた。ただし、二人が持っていなかった視点が二つある。すなわち、当時はまだ古代の気候変動に付いての研究がほとんどなかったので、筆者がここで示した寒冷乾燥期の施設という環境の視点を持ち得なかったであろうことと、第2は、筆者が島谷幸宏教授の賛同を得た「周濠古墳「中の島」説」（古墳はむしろ周濠を掘ってでた残土で周濠外周堤防保護のため造られた「中の島」的施設の役割を果たしたこと）ということは想定されていない。

参考文献

甘粕健一、1966、「古墳時代の展開とその終末」『日本の考古学Ⅴ　古墳時代（下）』河出書房。
宇垣匡雅、2008、「吉備社会の形成―弥生の人々」『山陽新聞』（2008年9月14日

特集 18 面)。

OKADA Mamiko, 2008, A View from Cylindrical Pottery Stands in Kibi(吉備), Yamato(大和) and Gaya（加耶）―The Non-strict Networking of Heads of Regional governments in the 5th century, *The 16th Seminar of Dong-A University and Univercity of Hyogo 2008.*

岡田真美子、2009、「環境人間学的「ため池学」事始め―黎明期の履歴」『兵庫県立大学環境人間学部研究報告 学部開設 10 周年記念論文集』。

河上邦彦、2006、『大和葛城の大古墳群・馬見古墳群』新泉社。

近藤義郎、1986、『前方後円墳の時代』岩波書店。

桑子敏雄、2001、「感性哲学の冒険」『感性哲学 1』東信堂、pp.23-36。

佐藤弘夫、2008、『死者のゆくえ』岩田書院。

阪口豊、1993、「過去 8000 年間の気候の変化と人間の歴史」『専修人文論集』51。

―――、1995、「過去 1 万 3000 年間の気候の変化と人間の歴史」『講座 文明と環境 6 歴史と気候 』朝倉書店（新装版 2008）。

清水眞一、2007、『最初の巨大古墳・箸墓古墳』新泉社。

白石太一郎、1999、『古墳と大和政権―古代国家はいかに形成されたか』文春新書。

髙橋一夫、2005、『鉄剣銘――一五文字の謎に迫る・埼玉古墳群』。

西谷正、1994、「吉野ヶ里のような環濠集落が韓国でも出土する意味は？」『幻の加耶と古代日本』文藝春秋。

広瀬和雄、2003、『前方後円墳国家』角川書店。

福田哲也、2005、「宝塚一号墳と囲形埴輪」『水と祭祀の考古学』p.66。

藤井学編、2001、『岡山の歴史』山川出版社。

溝口睦子、2009、『アマテラスの誕生』岩波書店。

吉野正敏、1995、「東アジアの歴史時代の気候と人間活動」『講座 文明と環境 6 歴史と気候 』朝倉書店（新装版 2008）。

若狭徹 、2004、『古墳時代の地域社会復元・三ツ寺Ⅰ遺跡』新泉社。

第10章

旅の知

佐々木能章

四国遍路第三番札所金泉寺

「お遍路さん」は、先達(左端の笠姿)に案内されて各札所を巡り、真言を唱えて札を収める。白装束が基本だが、かつての菅笠は帽子になり、スニーカーで歩く。

出所:著者を含む研究グループ撮影

本章の概要

旅にとって、フィールド研究がどのように位置づけられるかを検討する。とくに、移動それ自体を目的とする旅として、巡礼と観光を念頭に置く。旅の研究は、研究が一般的に前提としている、「現場」としての対象の特定と調査する主体の位置の確定において、不安定であり、フィールド研究には向かないように思われる。そこで果たしてそうであるかを検討するために、筆者が過去におこなった遍路研究の実態を報告する。その中で、確かに本来のフィールド研究の基本線を踏み外したところがあった。それは対象が旅であるためにやむを得なかったものでもある。しかしそのことは、旅の研究が特殊であるに過ぎないことを物語るのではなく、むしろ、フィールド研究が持っている問題点をあらわにしたものであった。それは、対象に対して多角的に取り組むことの必要性であり、また調査する主体の位置の不安定さが対象の意義を浮かび上がらす可能性を持つということである。この二点は、旅の研究が特殊であるどころか、フィールド研究一般にとって核心的なものであると考える。

1. 旅の情念

　旅は人生に付き物だ。人生そのものを旅に譬えた表現も昔からある。旅は人間の感性の発露あるいは涵養の一環として考えることさえできよう。このように人間の営みの中で重要なものの一つとなっている旅にとって、フィールド研究がどのように位置づけられるかを検討するのが本章の課題である。もともと私は哲学を専門とし、現在でも基本的にはそれを「本業」としている。それは文献の研究を核とするものであり、その限りにおいてフィールド研究とは無縁であったのだが、以下で述べるように、旅の研究に関わることによってフィールドとの関係を持つに至った。この一連の経験から、旅がフィールド研究の対象としてふさわしいかどうかを検討し、それを通して、フィールド研究そのもののあり方を問う。

　まずは、旅という行為の特徴がどこにあるかを確認しておきたい[1]。一口に「旅」といっても、いろいろな種類がある。広い意味では、回帰的な空間移動のことを指すが、出張、調査、連絡、交渉、行商、布教、軍事遠征、さらに通学、通院、冠婚葬祭への出席などは、旅のイメージから遠い。それらは、

同じく回帰的な空間移動ではあっても、日常性の中に組み込まれ、ある特定の目的の実現のための不可欠の手段として仕方なくなされるからである。したがって、これらの空間移動は、速く、安全に、そしてできれば快適になされることが求められる。逆説的なことだが、移動技術が発達すれば場合によってはわざわざ移動する必要もなくなる。なぜなら、ここでの移動という行為はそれとは別の目的を実現するための手段でしかないからである。情報通信流通技術の進展がそれを可能にしている。これは、いわば手段としての旅である。

　これに対し、移動それ自体が目的となるような空間移動がある。散歩やスポーツ、修行などがこれにあたる。旅という意味では巡礼と観光がその典型である。もちろんこの旅の場合でも、本来の目的は精神修養や娯楽など非日常的な場に身を置くことにあり、その意味で移動行為はやはり手段だとも言えるが、別段速さを優先するものでもなく、ましてや技術の革新によって移動をしなくてもすむようになるということはない。むしろゆっくりと、体に疲労を刻みながらなされる移動が好まれる。ここでは移動行為それ自体に重きが置かれている。単に最終目的地に到着することだけを目指しているのなら、移動のための交通手段は迅速であることが望ましいことになる。金に糸目を付けなければどれほど遠方であっても日帰りさえ不可能ではない。しかし例えば巡礼は、決められたルートを決められた手順を踏みながらたどることが求められる。その多くは徒歩での移動が基本となり、自分の足で一歩ずつ進むことの積み重ねに巡礼の意味があることになる。その行為の完結の場が目的地である。最終点まで踏破することによって一連の行為が完成するのである。観光にも同じような役割が見いだせる。単純化するなら、これは目的としての旅である。通常「旅」というときには、こちらの場合の空間移動を指すであろう。

　こうして、手段としての旅と目的としての旅とに大別しては見たが、これは行為に目を向けた分類であり、行為者つまり旅人はその分類に正確に従うわけではない。意識の中に直接的な目的が顕在化している旅も少なくはないだろうが、その明示的な目的とともに、ついでになされる付随的な目的もあ

り、ときには無意識に随伴する目的もある。さらには、予期せぬ事態に遭遇することを期待するという形容矛盾的な目的さえもある。出張のように目的がはっきりしていて無駄のないはずの移動であっても、風景、食事、宿、乗物などに旅情を感じ、家人や同僚に土産を買うこともある。出張報告書に書かれていない記憶が心に刻まれている。現代にまで読み継がれる旅行記には商人や軍人や宣教師や開拓者の手になるものが多く、それらはしばしば、単に職務上の必要記事のみならず、当時の世相や風景とそれを感じる旅行者の感性との共振が文学的な価値を醸し出している。直接的な目的の傍ら、少しでも非日常的な場を感じることで誰もが旅人となる。

　目的としての旅とした狭義の「旅」の場合も事情は単純ではない。典型例としてあげた巡礼と観光は、一見するとその動機や目的に大きな開きがあり、前者は信仰心に根ざした真面目な旅であり後者は気楽な娯楽として理解されやすい。しかしその実態に少しでも踏み込んでみるならば、この区別はそう簡単ではないことがわかる。巡礼という真摯と思われる行為にも観光の要素は付きまとっていて、旅の慰めとなっている。旅先で見聞する風景や食事は厳格な精神修養とは別の次元の存在であろうが、これはこれで人間として生きる意味に与り、厳しい行為の内実を豊かにさせる。このことは四国遍路などの日本各地の巡礼においても見聞することができるし、諸外国の各種の巡礼においても確認できることである[2]。他方、純粋に観光目的で訪れた旅先で、自然に触れたり神社仏閣教会等の宗教施設を訪れたりして敬虔な気持ちになることも珍しくはない。歴史の場所に立ち会い、古の人々の振る舞いに思いを馳せれば、時の情念に心を動かされる。自然の造形や季節の情景は人と自然の関わりを考える機会となる。自然や人間を支える大きな力の声を聴くこともあるだろう。巡礼と観光は信仰心の有無で単純に区別できそうでいながら、実は両者は連続し重なり合っている。

2. フィールド研究と学問

　旅とフィールド研究との関係について考えるために、次に、フィールド研

究それ自体の一般的なあり方について簡単にまとめておく。つまり、フィールド研究とは、そもそもいかなるものなのか、ということである。

　多くの学問は、多少なりとも現実との接点を持っている。現実をどのように理解するかということは、学問の第一の課題である。さらにそこから現実にどのように関わるかということは、学問のもう一つの課題である。この二つの課題の割合は、学問の分野によって異なる。後者がほとんどであれば、それは学問というよりは単なる世間知や処世術であり、ときには職業上の秘訣やコツとして体得され、ときには秘伝として継承される。経験を重視する姿勢は現実との関わりにとって不可欠ではあるが、ややもすると経験知が過大視され理論化の妨げとさえなる。特殊個別の事例と一般的普遍的原則との間の適切なバランス感覚は、理論重視の学問であれ経験重視の学問であれ、必要なものである。

　一般にフィールド研究は、自然が対象であれ人間や社会が対象であれ、時間的・空間的に限定される具体的で個別的な既存の事象を研究の対象とする。この点で、文字情報の脳内処理でとりあえずは完結可能な書斎の学とも、仮説の検証のために段取りを最初から自分で設計できる実験科学とも異なる[3]。フィールド研究の対象は、しばしば「現場」と呼ばれ、経験重視の学問にとって重要な領域をなしている。個別の事例に立ち入ってこそ得られる情報があり、それなくしては理論化さえもが空疎となる。しかしそれは単なる事例の収集で終ってよいはずはない。あくまでも事例はその意味を構造化することによって一般化されなければならない。意味の構造化への通路を持たないままの事例は、どれほど多数あっても単なる雑多な知識の集積でしかない。したがって、学問が成り立つためには、体験談や個人的手記とは違って、そこに何らかの方法が必要となる。

　いかなる学問もそれが成り立つための方法論を前提とする。これがなければ、およそデータがデータとして扱われることもない。あらかじめ設定した仮説に従い予想を立て、条件を設定した上で、着目すべきデータと捨象すべきデータとを選り分け、適切な処理方法によってデータを分析して構造化する。こうした一連の工程は、多くの学問に共通している。

しかし、自在にとまでは言わずとも可能な限り仮説に適合するように条件を設定し理想的状態を構築することができる実験科学と異なり、フィールド研究は対象からの制約が決定的に大きい。安易な条件の設定は、対象から得たい情報だけを引き出し、たとえ望み通りの結論を引き出すことには役に立っても、それだけ現実から乖離することになりかねない。だからといって、対象のあらゆる面をくまなくすくい取ろうとすれば、一般化も構造化もできないまま、生のデータを羅列することで終ってしまう。フィールド研究が、研究という名に値するものになるためには、理論と現実の間の距離の取り方において、相当に自覚的でなければならないということである[4]。

これまでの論点は、フィールド研究一般に当てはまる。「一般」と言ったのは、フィールド研究は人間の事象のみならず、自然現象をも対象とするからである。本論で問題にしたいのは人間の営みとしての旅なので、研究の対象となるのは何よりも旅人、つまり人間自身である。そして研究するのもまた人間である。研究対象から研究者を論理的に隔離することで成立する自然研究とは、おのずと事情が違う。問題は、研究者が対象である人間とどのような関わり方をもつことが研究にとって必要かということである。別の言い方をするなら、両者の人間関係によっては違った研究が成り立つということである。単純に二極化するなら、一方で、調査が科学的であるためには、研究者は対象を客観的に見て、そこから正確な情報を入手する実証的姿勢が必要だとする考え方があり、他方で、そのような主客の対立構造を前提にしている限りは、対象者である人間は研究者に心を閉ざし、十分な情報を提供することはない、とする批判がある。フィールドワークを研究の基本におく人で、あからさまに前者の方法をとる研究者は多分いない[5]。フィールドワークの記録の中には、対象者との信頼感を勝ち取ることによって貴重な情報を獲得することができた、と誇らしげに語っているものがある。だが問題は、客観的であるかどうかというよりも、対象者とどのような距離をとろうとしていたかにある。

この問題は、研究者の位置をめぐる問題とも言い換えられる。好井裕明は、「調査するわたし」が語りを標準化し、相手をカテゴリーにあてはめようと

する方向を警戒し、「カテゴリー化するわたし」の姿、語り、振る舞いなど、それ自体のありようを詳細に読み解くことが必要だという。そうした自覚を磨き上げながら相手の語りと自分の解釈とを交差させる。そして、「聞き取りの醍醐味は何だろうか。やはり『わたし』と相手のそれぞれが生きてきた歴史が交差する瞬間を味わえることではないだろうか。」と述べて、フィールド理解における実感と感性の復権を説く[6]。調査の対象が人間であり、その人はそれまで生きてきた歴史を持ちそこに今なお生きている。行きずりの調査者が予め用意したカテゴリーに収まる答えだけを期待すればその通りの結果が得られるかもしれないが、それは対象者の歴史を反映していない限りにおいて、まやかしだということだ[7]。調査者が語りを通じて対象者とシンクロするような瞬間を獲得できるなら、そこにフィールド研究の醍醐味があるというのが好井の考え方である。

こうしてみると、フィールド研究においては、一方で対象者の存在への理解が、他方では調査者自身の視点への自覚が求められることがわかる。科学的な手法の意義や役割、有効性や限界は、この観点抜きには考えられないであろう[8]。

3. 旅のフィールド研究は可能か

では、本題である旅を題材とした研究の可能性について考えよう。旅をフィールド研究の題材にしようとすると、対象の設定においても方法論においても厄介な問題に出くわす。まずは、旅あるいは旅人を対象とするということにまつわる難しさをいくつか挙げてみる。

1　旅はあくまでも空間移動の行為であり、それゆえ、特定の空間に固定するものではない。調査をするにしても、「現場」はまさしくその移動の行程それ自身にあることになり、これはむしろ、「現場」不在のフィールドと言うべきであるかもしれない。そのために、そもそもの対象を特定することに問題を含む。

2　遊牧民などのように移動行為が生活の中に本質的なものとして組み込

まれている場合は別として、生活に関わる移動は通常、ある別の目的を実現するのための手段としてなされるものであるため、生活の中心的な目的にとっては付随的な行為であり、生活者の現場というにはほど遠く、主題としにくい。
3 観光や修行などのような空間移動は「旅」と呼ぶにふさわしい行為であるが、これは移動自体を目的とする行為であり、非日常的なところに価値を求めるものであるために、日々の生活とは距離があり、また現実感と必ずしも一致しない。
4 旅は、常に接触する人や事物を替えてゆく。行く先々の気候風土、食べもの、風習と触れることが旅にとって重要であるが、それは研究する側からすると、対象が際限なく広がることを意味する。
5 旅が日常性から離れたところにあり、目的とするところが多様であって、切り口の設定が定めがたい。仕事、娯楽、信心、交友、気分転換などが多重に絡みあい、それらが複合するところに旅が成立している。どれかの一断面だけから考察を加えても、全体をつかみきることにはならない。
6 旅は、旅する人だけでは成り立たない。送り出す人、旅先で迎える人がいて、また移動や宿泊の施設があり、それらを手配し、情報を提供するシステムがある。現在の観光業が地球規模で展開する以前にも、大小のこれらのシステムが存在し、旅を支えていた。

このように、旅は、流動的な対象を持ち、また多層の人間の営みで構成されている。そのため、対象の面からも方法の面からも、決して単純化を容易に許さないものである。もちろん、観光産業とか信仰あるいは当時の社会制度や道路交通事情などの一断面に考察を特化することによって、研究をまとめることは可能であって、これまでも多くの実績が残されている。しかし、旅を流動的で多層的な営みそれ自体として捉えることは難しい。少なくとも、フィールド研究として、テーマになるかどうかさえあやしい。

以上の点は、それぞれが、通常のフィールド研究の特質に反するものである。単純に言うならば、旅には、生活の拠点となっている「現場」が存在し

ないということである。繰り返しになるが、フィールド研究は特定の時空内での事象を対象とし、多くの場合「現場」に密着する形で行われる。さらに、研究の切り口や方法が予め綿密に立案されている必要がある。しかしこのような特質を、旅という行為は裏切ってしまう。

さらにもう一つ大きな問題は、前節で触れた「研究者の位置」についてである。好井が言うように「調査するわたし」の歴史と対象者の歴史が交差する瞬間がフィールド研究の醍醐味だとして、果たしてそのような瞬間は旅の研究に存在し得るものなのだろうか。そう疑わざるを得ないのも、これまた「現場」不在のフィールドだからかもしれない。一般のフィールド研究であれば、「調査するわたし」を圧倒的に上回る実在感が対象者にあるのだろう。それは生活に支えられた歴史の重みでもある。それとシンクロするための努力が調査者に求められている。しかし旅の場合には事情は違ってくる。旅人は、とりあえず日常から離れたところに自分を求めている。生活の実在感は自宅に置いてきているようなもので、そこから意識的に切り離されたものを期待している。その意味では、自分の生活感をおくびにも出そうとしない調査者と、その存在基盤は共通である。もちろん、通り一遍のアンケートに終始するなら、調査する者、される者の二項対立は形式的には厳としてあり続ける。だが、そこにそれほどの溝があるのだろうか。問題は、対象者がどこまでリアルな存在かということである。それに応じてまた、調査者の位置取りが変わってきてしまう。これまで多くのフィールド研究者たちが苦労して模索しながら培ってきたノウハウが遠い場面であるように思えるのである。

これほどにもフィールド研究に原理的になじみにくい旅を、無理してまでわざわざ研究の対象とする必要があるのだろうか。いや、そもそも旅を「現場」とするフィールド研究は可能なのだろうか。もっと言えば、そのようなものは不可能なのではないだろうか。

4. 調査と体験

ここで、旅のフィールド研究が可能であるかどうかの詮索を一旦棚上げに

し、旅の研究を試みた私の経験について記しておく。個別の経験が決して普遍化へと直結しないということはすでに述べた通りだが、そのことを実感したのもまた経験であった。私は前任校[9]で、1999年度から2001年度までの3年間、「人間と空間移動」というテーマの共同研究を行った[10]。メンバーの専門は、発達心理学、社会心理学、文化人類学、臨床心理学、そして哲学（私）で、合計5名からなるチームであった。異なる学問分野の背景を持った混成チームによって、違う切り口から見えてくるものを互いに評価しあうことを期待したのである。テーマをさらに限定し、人間が空間移動をする目的・手段を多角的に考察し、本研究としては、単なる物理的な空間移動による目的地への到着よりも、移動そのものに込められる意味を考察することの重要性を確認することを目的とした。それはまた同時に、物理的な距離と現代の情報機器の発達との関連を問うことにもつながっている。さらに、俗に「自分探し」と言われている試みとのつながりを見きわめることでもある。そしてこのテーマを具体的に解明するための試みとして、四国遍路を研究対象とした。それは、上記の課題を一層深め、実感し、また再構成していくきっかけとするためであった。

　最初には、言うまでもないことではあるが、四国遍路を中心とした旅についての文献資料の収集と分析から始め、現地調査の準備とした。2000年3月に第1回目の現地調査を行った。予め、特徴的な札所（遍路寺院）を5箇所選び、準備した質問用紙をもとに、遍路の回数、動機、同行者、移動手段、携帯品などを尋ねた。調査は基本的にインタビュー形式で行った。メンバーの中でも哲学以外の研究者はその専門分野の研究スタイルの中に調査者へのインタビューが重要なものとして位置づけられていて、ノウハウも蓄積があり、当然ながら聞き出し能力は鍛えられている。容易に数量化しやすいアンケート調査とは異なり、臨機応変の対応によってさまざまな視点から情報を引き出すインタビューの手法の意義を実感した。この面でまったくの素人である私はその手並みに感心するだけであり、自らの無能さを恥じ入る暇さえないほどであった。それでもなお、調査時に、こちらの予想しなかった論点が続出したことは、われわれの準備不足を物語るものでもあったとはいえ、

結果的には望外の収穫があった。何よりも、遍路者の内面に多面的な意味が内包されていることが確認できた。2001年2月に第2回目の現地調査を行った。このときは主として遍路者が立ち寄る寺院や施設の関係者へのインタビューに力を注いだ。特に松山市の石手寺では長時間にわたり僧侶から話を聞くことができた。同年9月に第3回目の現地調査を行った。ここでの目的は、これまでの調査で不十分であった遍路者の内的世界に踏み入ることである。そのためにわれわれ自身が遍路の行程の一部を体験することにした。長距離のやや急峻な遍路道を歩くことにより、遍路を支える沿道の風景、自然の風景などをわずかなりとも実体験できたことは、「研究」の視点への大きな反省材料を与えられた。さらにこの回の調査を通じて得た新たな視点は、遍路を支える「お接待」という風習の意義である。周囲の人々とのインターフェースなくして遍路という営みはあり得ないという点は重要である。このことに気付いた時点で、われわれの研究はさらに新たな視点を与えられた。その点を、2002年2月に最後となる第4回目の現地調査を行って確認することができた。

　以上のフィールド体験は、これまで文献中心の「書斎科学」に終始していた私にとっていろいろな意味で新鮮であった[11]。調査以前、私のおおよその予想として、遍路者の目的は通常理解されるような宗教的なものよりも、むしろ観光に近いものがあるのではないかと考えていた。この予想はある意味では当たっていた。インタビューで遍路の目的を「お大師様（弘法大師のこと）に少しでも近づきたいから」と堂々と述べたのは某札所の僧侶だけであり、それ以外の一般遍路者は「信仰心からではないけれど」とわざわざ断るほどであったのだから、予想通りだったと言えそうだ。だがこの予想は外れてもいた。それは単に、大部分の観光目的の人に混じって宗教的な人もいたから、というのではなく、同一人物の中に両方の目的が割合こそ異なっても混在していたからである。いやそれも不正確で、単に宗教と観光のみならず多くの目的が幾重にも絡みあい、場面場面で主たる目的が入れ替わるようなものであった[12]。予想が単純にすぎたのは、「目的は何か？」という尋ね方にあった。仮に複数の回答を許容したとしても、事態に本質的な違いはない。「亡き妻

の供養のため」との答えもあったが、これを信仰心と断定できるのだろうか。それまでの人生を振り返り今後の自分の生き方を模索しようとしている人の心の内を簡単に分類することなどできない。調査用紙による紋切型の質問では比較的明確な答えをした人が、言葉を交わし続けるうちに多くの事情に触れ出し、やがて幾つかの思いが輻輳する様子を語るようになってくる。こちらを警戒しているうちはあえて秘していた事情であったのかもしれないが、あるいはひょっとしたら、はじめは自分の中になかったのに遍路を続けるうちに自分の意識の底に少しずつ沈殿してきたものが、たまたまインタビューをきっかけに言葉となってその人自身に自覚され始めたものなのかもしれない。「信仰心からではないけれど」と述べた人が語り出す思いのうちに実際には十分に深い信仰心が認められた場合が少なくない。おそらくは本人自身気がついてさえいなかったことなのかもしれない。もしそうだとすると、インタビューは単に受け身な情報収集ではなく、情報を掘り起こす意味も持っていたことになる。もちろん、ここには「誘導尋問」に類した情報操作や捏造の危険性がないわけではないだろうが、「書斎科学」にはあり得ない場面であったことは確かだ。

　もう一点付け加えておきたいのは、第3回目の現地調査で自ら「にわか遍路」となった経験についてだ。これは、ある意味で、調査からの逸脱であろう。現地調査に訪れた者がしばらくそこに居着いて生活を共にしながら調査対象と信頼感を深め、大切な情報を手に入れるという手法は、フィールド研究にとって決して珍しいことではない[13]。しかしだからといって研究者が現地人になってしまうわけではない。ミイラ取りがミイラにならないような自覚が必要で、おそらくはそれがフィールド研究の暗黙のルールなのであろう。われわれはどうやらその掟を破ってしまったようだ。遍路者向けのガイドブックを手に札所から札所へと歩いていく。ただそれだけをしたのだ。時に道に迷い、トンネルの中ですぐ側を猛スピードで走るトラックの騒音と振動と排気ガスに恐怖感を抱き、硬い舗装路に足を痛め、そうかと思うと時折注ぎ込む木漏れ日や吹き抜ける風に心和み、疲労が限界に近づいた頃、次の札所が視界に入ってくる。そんな経過を何度か繰り返すうちに、やがて自分の力で

辿り着いているというよりは、他の力に押されているというような気持ちが湧いてくる[14]。古来、遍路では「同行二人」という句に至る所で出会う。杖や編笠や白衣などにも書かれている。自分一人で歩いているのではなく、弘法大師が絶えず連れ添って力を貸してくれているということらしい。文字通り解すれば荒唐無稽だが、あながちそれが無茶な話とは思えなくなってくる。さらに、「お接待」という沿道の人々の支援行為にも触れることができた。現地の言わば「プロの沿道者」にとって、本物の遍路と「にわか遍路」の区別はすぐにつくようだが、そうとわかっていても「お接待」をしてくれる。ここで気がつくのは、沿道者の方がプロで、遍路者はアマチュアにすぎないということだ。遍路をする者は、お接待をされることによって次第に本物の遍路者になるようだ。このようなことも、遍路のまね事をして気がついたことである[15]。

　このことは、「調査するわたし」と対象者との拮抗関係とも関わってくる。たかだか数十分のインタビューで相手の人生の根幹部分を聞き出せるわけがない。「現地」取材に赴いた経験のある人ならそう言うことだろう。たしかに、長年の生活の場で熟成した感性を他所者が来ていきなり尋ねたところで、何程のことを聞き出すことができるだろうか。同じことは遍路の調査でも多少は言えるかもしれない。しかし対象者としての遍路者は、日常の生活の場から離れた旅人であり、非日常の中で自分自身を見つめつつある移動者である。生活の空間から意識的に離れようとした決意が自らの心の底を撹拌し、歩き続けるとともに沈殿物を少しずつ浮き上がらせてくれていた。そこへたまたま近づいた調査が、浮遊し始めた思いを掬い取ることになったのだろう。遍路者と調査者との距離は存外遠くないのかもしれない。それは、存在がどちらも非日常だからである。別の言い方をするなら、旅人は本質的に「通りすがり」の存在であり、それを見つめる研究者もまた「通りすがり」だということである[16]。

5. 旅の研究の普遍性

　旅は、フィールド研究の対象とするにはあまりに特殊な面が多く、フィールド研究が可能かどうかさえ怪しい限りである。しかしながら、前節で見たような遍路研究の試行錯誤は、可能性という意味では一つの光をもたらしたように思える。それは、旅のフィールド研究の難しさが、とりもなおさずフィールド研究のあり方をいわば裏から見透かすような形になったからである。つまり、逆説的なことながら、フィールド研究の意義と限界をともに自覚する契機となり得るのである。

　フィールド研究にとって必須の条件とでも呼べるようなものが、旅の「現場」には欠落している。研究の対象である旅という「現場」が「現場」らしくないということでもある。「現場」の呪縛から逃れていると言ってもよい。対象者は日常性から遊離したところから自らの日常性を見渡しているからである。そしてまた研究者の位置の不安定さという問題もある。研究者自身が自ら旅人になろうとする誘惑に打ち勝つのは難しい。そして実にたやすく旅人になれる。この二点をもってしただけでも、旅の研究の危うさは十分に窺える。しかしこれを自覚していれば、フィールド研究が培ってきた手法の有効性に依拠しつつ、それなりの研究は可能であるように思える。つまり、旅をフィールドとする研究の可能性は十分に開かれてくるであろう。旅の研究に必要なのは、研究自体が旅であるということの自覚であろう。そしてこのことは、単に旅の研究がフィールド研究の片隅に入れてもらえるという消極的な意味にとどまらず、これまで行われてきた多くのフィールド研究にも当てはめられてしかるべきことであるように思われる。

　すでに述べたように、対象を限定することと、方法を設定することが、フィールド研究にとって不可欠の手順である。ある切り口は一つの局面を浮かび上がらせるが、別の局面を隠し、ときには破壊する。切り口が鮮やかであればあるほど、その結果に自ら酔い痴れ、一つの局面がすべてであるかのような錯覚を犯しかねない。旅の研究はそのような幻想を振り払ってくれる。旅の研究で留意しなければならなかったのは、多くの視点を同時に見据える

ということである。対象者の動機や目的の中にも多くの観点が混在していた。それらをきれいに解きほぐそうとすればするほど、真実から遠ざかっていきそうでさえある。さらに、研究者と対象者という一見自明な二分法さえもがぐらつくような場面でもある。ともかく、単純化の愚を犯さぬような注意は常に必要となる。多くの視点を同時にもち、複数の断面を一緒に見据えるような多角的思考が求められる。諸学問がその拠って立つ前提に則る限りはその分野の中での安定した成果を得られることであろう。そこに異質な切り口を持ち込むのはタブーとされる。しかしあえてこの禁じ手を用いることは、異なる視点の共同作業のきっかけとなり得る。その可能性をはじめから封じて安定を求めるか、あえて自らの地盤を揺るがしてみるか、これは学問研究の姿勢の違いでもあろうが、後者への挑戦はリスクが高いが夢を与える。

　旅の研究が本質的にもっている危うさは、実はフィールド研究の見せかけの安定の裏返しではあるまいか。そう言えるとするなら、この危うさをフィールド研究一般に返すことで、フィールド研究そのものの活性化のきっかけにはならないだろうか。旅の研究の中から経験的に得た方法として、異なるアプローチを同一の対象に適用することで異なる切り口を一緒に見ることができた。また、主客の立場を行き来することで、研究者と対象とが共振する場を実感できた。アプローチ相互の切磋琢磨は、対象の切り取り方や方法論の設定そのものの妥当性、有効性、限界を知る機会となった。旅をフィールドとして扱うこうした試みは、それ以外のフィールド研究にも、異なる研究の視点を旅することを促す。旅人は本質的に「通りすがり」であり、旅の研究の姿勢もまた本質的に「通りすがり」であった。「通りすがり」だからこそ見えてくるものがある。これを敷延し、フィールド研究一般に旅のあり方を重ね合わせることによって、フィールド研究というスタイル自体が旅を内に秘めたものであることが見えてくる。旅人の「通りすがり」の知が、フィールド研究の「現場」を活性化させるのである[17]。さらに言うなら、学問の姿勢に根本的な違いがあると思われていた「書斎の科学」にもまた、同じような姿勢の意義が認められてしかるべきであろう。人生が旅であるように、学問もまた旅であり、通りすがりの知の妙味を楽しむ旅人なのだから。

注

1 「旅」という漢字は元来旗をかざした軍隊のことであったらしく、「旅団」などにその名残をとどめているが、現在この意味は事実上消滅している。和語の「たび」の語源は諸説紛々で定め難い。語源はしばしば概念規定の上で示唆するところが少なくないのだが、「旅」についての語源的な探索は実りがなさそうだ。西洋語の場合には、travel や tour などの語の起源をたどると多少の示唆は得られるが、収穫と呼べるほどのものは期待できない。なお、「旅」と「旅行」とは同じようなものだが、「たび」と訓読みにした場合には、込められる情感の量が大きいという印象を受ける。

2 伊勢参宮もその一つである。「伊勢参宮　大神宮へも　ちょと寄り」という古川柳がこのことを雄弁に物語っている（神崎、2004、p.11）。関哲行は、スペインのサンティアゴ巡礼を多面的に考察した上で、「サンティアゴ巡礼にはつねに余暇（観光）の要素が付着していた。……［巡礼に対して］内面的『純化の旅』との定義は一面的である。むしろそれは信仰と余暇の両義性において、捉えられなければならない。」と言う（関、1999、p.136。また、関、2007、p.210 も参照）。巡礼と観光の内的連関を主題的に扱った研究としては、Boris Vukonić 2005 が啓発的である。

3 ここでは、川喜田二郎が科学を書斎科学、実験科学、野外科学の3つに分類したことを念頭に置いている（川喜田、1967、p.6 以下）。

4 **本書第5章、桑子敏雄「川づくりの感性・制度・技術」**では、「感性と合理性のせめぎあい」という形で、この緊張感を表現している。「合理性」には合理性なりの正当な根拠があるのだが、それは当然ながら、ある面を取り上げ他の面を捨象することによって成り立つ。それが地域によって育まれた「感性」と乖離すれば、きしみが生じるのは必至であろう。この点で、**本書第8章、小野育雄「建築家のサイト」**では、スティーヴン・ホールの幕張における試みが、場所に対する思索を重ねた結果であったとしても、「ウソ」があり「皮相さ」しかないという否定的評価を下している点で、貴重な失敗例を紹介することになっている。

5 実は、自然が研究の場合であっても、観測者と対象との間の関係は複雑で、特に量子力学以降、観測の問題は科学論もしくは認識論にとっても重要なものとなっている。つまりは、客観性というこの保証は、自然科学の領域でも多くの問題を伴っているのであり、ましてや人間が人間を対象とした認識の場合には一層の困難があるということである。

6 好井、2004、p.22。なおこの論文が収められた『社会学的フィールドワーク』には他にも有益な論考があり、特に、町村敬志「行きずりの都市フィールドワーカーのために──『いかがわしさ』と『傷つきやすさ』からの出発」、三浦耕一郎「カテゴリー化の罠」は参考になった。

7 フィールドに生きる人々がそれぞれ歴史を背負ったものであることは、本書における、**桑子（5章）、清水（1章）、長谷部（2章）** らの論考が説く通りである。

8 この点で多くの示唆を含むのは、**本書第4章、関礼子「流域の『自治』をデザインする」** で紹介された、新潟県の取り組みである。行政の取り組みは、決して研究者としてなされるわけではなく、むしろしかるべき結果が求められる厳しい取り組みである。そこでは、現場に迎合することなくしかし未来を見据えた方向性を示すものであるという点では、「研究」のあり方を考えさせるものである。

9 横浜市立大学国際文化学部人間科学科（当時。2005年度の改組により学部学科は変更されている）

10 この研究は、同学科で同時に行われた「家族」のあり方についての研究とともに、共同研究報告書『人間の知的・情的本質に関する研究』（2002年3月）としてまとめられた。チーム・メイトであった、木下芳子、川浦康至、板垣明美、浮田徹嗣の各氏からは多くのことを学んだ。この場を借りて感謝する。

11 この共同研究から得られた私の報告は、「遍路の空間」として上記の報告集に収められている。またこの報告書をもとに、「共感のトポス――四国遍路と『同行二人』――」（山岡編、2002）をまとめ、さらに「共感―分かち合うこと―」（川浦・佐々木編著、2002）にも遍路研究の結果を一部含めた。

12 調査の対象となる人は、それぞれが人生を背負い、多くの他者とのつながりを持つ、多層的で多面的な存在である。このことは、**本書第6章、谷津裕子「『いいお産』をめぐる考察」** で、産婦が出産という明確な目的的行為の場でも「自然」に対する感覚を背負っているという指摘と通じる。

13 研究者自身が調査対象となる社会の一員となることによって、人々の信条を理解しようとする方法は「参与観察」と呼ばれていて、この手法についてもさまざまな検討がなされているようである（佐藤、2006、p.158）。

14 ここでは、「身体」の契機を、対象者のみならず調査者自身にも見ることになる。そのような、身体を介した、言わば主客未分化のような研究の意義は、**本書第3章、千代章一郎「都市をめぐるこどもの歴史的感性」、本書第7章、根津知佳子「教室の感性」** が示している。いずれも、教育という場に即している点は興味深い。

15 四国遍路に関する書物は膨大にある。江戸時代にもすでに道中記が数多くあった。研究書は、歴史的経緯を詳細に述べたもの、宗教的背景から掘り下げたものなどが多い。昨今の遍路ブームにあっては、実用的な案内書が美しい写真を伴って多数出版されている。そうした中で、遍路者の立場から経験を述べつつ、それが遍路のもつ普遍的な意味へと連続するような深みをもった著作として、辰濃和男『四国遍路』（岩波書店、2001年）と加賀山耕一『お遍路さん　美人をたずねて三百里』（平凡社、2006年）の2冊を挙げておく。いずれも新書で文体も軽快であるが、内容は濃密でしかも深く、静かな感動をさえ与える。加賀山がプロフェッショナル化した遍路へ加える批判は辛辣である。

16 本書第9章、岡田真美子「古墳と宗教的感性」は、古墳に立つことによって古代人の感性と共振し、歴史的な専門家とは異なる視点を得ることができたと述懐している。ここにもまた「通りすがり」の妙味が表れている。

17 この先には、フィールド研究を旅すること、そしてその「フィールド研究の旅」の研究をすることが、見えている。これを突き詰めてゆけば、いわば「フィールド研究のフィールド研究」となろう。可能性としては一種の学問論あるいは科学論に属するものだろうが、そのようなフィールドロジーが考案されてもよい。これは今後の可能性である。

参考文献

Boris Vukonić, 2005, *"Tourism and Religion"* tr. by Sanja Matešić, Pergamon.
加賀山耕一、2006、『お遍路さん―美人をたずねて三百里』平凡社。
川浦康至・佐々木能章編著、2002、『喜怒哀楽―感情の人間学』(『現代のエスプリ』421号) 至文堂。
川喜田二郎、1967、『発想法』中公新書。
神崎宣武、2004、『江戸の旅文化』岩波書店。
好井裕明・三浦耕一郎編、2004、『社会学的フィールドワーク』世界思想社。
佐藤郁哉、2006、『フィールドワーク増訂版』新曜社。
関哲行、1999、「中世のサンティアゴ巡礼と民衆信仰」歴史学研究会編『巡礼と民衆信仰』青木書店。
――――、2007、「サンティアゴ巡礼」四国遍路と世界の巡礼研究会編『四国遍路と世界の巡礼』宝藏館。
辰濃和男、2001、『四国遍路』岩波書店。
山岡悦郎編、2002、『情の探求』三重大学出版会。

おわりに

ユーザーサイエンスを超えて

　本書は日本感性工学会における感性哲学部会の企画セッションとして3回に渡って開催した「感性とフィールド」での議論の成果である。感性哲学部会としては、『感性哲学』(東信堂)を毎年1冊、10年間に渡って刊行し、多様なテーマを論じてきた(2001-2010)。本書はその議論を総括する一環として、これまでの議論に通底する主題の一つとして、「フィールド」というキーワードに着目し、「感性」を横断的に捉え直そうとする試みである。

　もちろん、「身体的存在としての人間が環境と自己との関係を捉える能力」(桑子敏雄、2005『風景のなかの環境哲学』、東京大学出版会)としての「感性」に関わるキーワードは環境・情報・生命をめぐって多岐に渡る。ところが、現代工学にことば以前のこの根源的能力を結びつけようとすると、人間の拠って立つ場所や環境を捨象し、「感性」を計測と定量化によって囲い込まざるを得ない。工学は、少なくとも、好むと好まざるに関わらず、現代社会の構造においてはユニヴァーサルな商品を目指すからである。

　しかし人間は、「ユーザー」の名を与えられた実験的道具ではない。各々の「フィールド」で、各々の身体を生きながらそれを受容すると同時に住み着き、表現し、価値づけていく感性的存在である。時と場合によっては「感性」は暴力を誘発する装置にも成り得る。そうした感性の多様な働きを捨象し、「感性」を神話化することはできない。環境創成の技術としての工学をより広く新しい文脈で捉え直すためには、どうしても「フィールド」という問題を避けて通ることはできないのである。

「フィールド」という問い

　「フィールド」とは、ここでは、まず何よりも身体の具体的な実践(プラクティ

ス)の「現場」のことである。「現場」とは定式化される風景の成り立つ以前、あるいは成りつつある手前の出来事の場であり、「工事現場」や「解体現場」が構築物の誕生と死のプロセスを視覚化しているように、そこにしかないものが生成あるいは消滅する期待感が醸成されているような場である。

確かにこの主題に関しては、今西錦司や南方熊楠の生物学、あるいは柳田國男や宮本常一の民俗学、近年隆盛する社会学的調査（サーヴェイ、参与観察、ルポタージュ、フィールドワーク、オーラルヒストリーなど）や心理学における質的研究などが知られ、生得論と環境決定論の二元論的枠組みの乗り越えが試みられている。重要なことは、具体的な実践の現場に入り込む質的研究においても明らかなように、その当事者性が流動化していく、ということである。つまり、実践するものとそれを観察するもの、感じるものと感じられるものの境界は限りなく溶け合っていく他ない。

その意味で、「フィールド」とは、単なる実体的な場所や空間、あるいは背景や状況ではなく、たとえば医療行為の現場（臨床）、芸術表現の現場（サイト・スペシフィック）等々のように、主体的実践的行為の基盤、身体を通して「感性」が湧出してくる現場として捉えることもできる。たとえ目的的な行為でなくとも、日常生活の中で我々は無意識的な行為を通して「感性」を働かせている。それは逆に言えば、「感性」が「フィールド」を必要条件とし、それに限定され、関係づけられ、あるいはそれによって開花していく、ということを意味している。「フィールド」への問いは、存在論的根拠としての「場所」論というよりも、むしろ生き生きとした美を捉える「感性」が、生命の源である地球の大地に根差していることを明らかにするための哲学に他ならない。フィールドに咲く感性の花は、静物画（nature morte）ではなく、生き生きとして生成・消滅するいのちなのである。そうした花を開かれる場（フィールド）とは何か、私たちの問いはそこにある。

このような生成の論理は、不朽の土台の上に知の構築物を築き上げる（あるいは解体する）近代理性とは異なるものであるはずである。各章の扉の写真はそんな「フィールド」の一場面を表している。また同時に、各章の注記には他章への言及がなされ、異なる「フィールド」との対話が行われている。

今、期せずして、私たちが生きる「フィールド」が根本的に問われている。「フィールド」の根源性とその多様性を生き抜くために私たちに必要な「知」とは何か。本書はそのような問いに、少しでも触れていたい。そうして私たちの問いは、今後、生き生きとした「実践（プラクティス）」そのものに向かっていくにちがいない。

＊

　もとより本書が成立するに至ったのは、東信堂の下田勝司氏の長年に渡る「感性哲学」へのご理解とご尽力によるものである。編集にあたって下さった向井智央氏共々深い感謝の意を表したい。

千代章一郎

索　引

ア行

idea　138-145, 147-149, 151
暗黙知　5, 134
いいお産　63, 112-114, 116-122
異界　24, 25, 27-29, 34
衣食住　i, 7, 10, 18
interrupt 遮断　69, 138-140, 160
エコミュージアム　71, 72, 86
応用倫理　6, 20
お接待　185, 187

カ行

概念　8, 13, 15, 25-27, 29, 39, 42, 43, 45, 54, 62, 63-65, 85, 86, 90, 91, 112-114, 116, 117, 119, 120, 152, 190
外部化された記憶装置　69, 85
科学的、超越的に　140
学習法　126
拡張版物語り論　26, 35, 38
額縁　20, 69, 70-72, 75, 85
学問的・技術的合理性　91
可塑の共同性　17
価値意識　18
価値の場　18
加茂湖　89, 94-97, 99, 101-103, 107
環境評価　43, 44, 47, 48, 63, 65
関係性　5, 79, 120, 128, 133, 156
還元　134, 138, 141
観光　70, 86, 176-178, 182, 185, 190
感性情報処理　128
感性的経験　90, 91, 108
感性的差異　15, 90, 91, 93, 95, 102, 105-107
感性的評価　105
機械美　8
機械文明　7
聞く力　24, 25, 38

技術と環境　14
規範風景〈物語り〉　26, 31-33, 35
共感　62, 64, 191
教室　i, 42, 63, 123, 124, 126-135, 191
行政的合理性　90, 91, 96, 102, 105-107
共通感覚　24, 25, 29, 30, 35, 39
共同体の感性　24, 39
共同注視　133
巨大古墳　156, 159, 170, 173, 174
暮らしの記憶　82
形式知　5, 134
華厳の思想　14
研究者の位置　180, 183, 188
言語　13, 62, 97, 127, 128, 130, 132, 133, 135, 136
言説分析　113, 122
現代日本のわたし達　149
建築家　63, 137, 138, 140, 142, 143, 149, 150, 153, 190
建築すること　139, 141, 144, 153
建築美　8
現場　4, 5, 21, 41, 42, 45, 57, 58, 62, 63-65, 99, 108, 153, 156, 159, 161, 164, 176, 179, 181-183, 188, 189, 191, 194
合意形成　38, 63, 86, 90, 91, 94, 99-101, 104, 107, 108
行為的直観　26, 27
公共的感性　64
講壇哲学　4, 6, 8, 13
合目的的性格　8
行旅　143
こども　41-44, 48, 52, 55, 57, 60, 62-65, 108, 124, 152, 191
古墳寒冷（乾燥）期　155, 168, 169, 171
個別性と全体性　15
コミュニティ　83, 124

サ行

site（フィールド）　138-142, 144, 149, 150
作業的方法　4, 5
佐渡　6, 84, 90, 91, 94, 95, 97, 99
3〜6世紀　165, 171
自学自習　8
女性の自己決定権　116, 117
試行錯誤　69, 72, 78, 83, 188
四国遍路　175, 178, 184, 191, 192
自然再生　90, 94, 101
自然性　52, 53, 112-121
自然的環境　42, 46, 53, 58, 62
自然破壊　101
自然分娩　113, 114, 118, 119, 120
自他の関係性　5
社会的統制　7, 122
宗教的感性　108, 155, 156, 192
周濠　156, 157, 159, 161, 163-165, 167, 170-173
集合住宅　137, 138, 141, 145
集合的記憶　68, 69, 82
自由大学　8, 11
授業　55, 58, 66, 124-127, 129-133, 135, 136
主体性　27, 112-121
手段的・資料的　10
出産装置　118
出産当事者の感性　121
出産の痛み　115, 119, 120, 122
出産の医療化　113, 116, 122
出産の医療化批判　116
巡礼　176-178, 190, 192
状態変化　24, 26, 30, 31, 34, 38
情動調律　128, 133
所在　143, 163
書斎科学　185, 186, 190
信仰心　178, 185, 186
人工的環境　42, 46, 62
身体性　93, 112-114, 117, 119-121, 128
身体的配置　90, 93, 94, 102, 103, 106, 107
水彩画　138, 143-148

水祭祀　170, 171
スティーブン・ホール　137-139, 141-145, 147, 152
生活の統一　7, 8, 10, 11, 17, 20
制度的合理性　101, 102
世代間倫理　7, 10, 14
想起過去説　26
創造　8-10, 14, 17, 20, 27, 42, 63, 68, 70-72, 81, 84-87, 108, 136

タ行

体験　12, 13, 24-26, 31, 32, 34, 37, 38, 55, 56, 65, 83, 89, 112, 118, 120-122, 127, 129, 130, 134, 135, 137, 140, 142, 144, 147, 150, 151, 179, 183, 185
対話　79, 84, 123, 125-131, 134-136, 194
他者　5, 15, 18, 21, 61, 63, 64, 112, 117, 118, 121, 126-128, 134, 135, 191, 196
ため池　157, 163, 165, 167, 170-174
地域首長連合　159, 167
地図制作　42, 43, 64
つなぐ　27, 63, 67, 83, 84, 120
出会い　84
出来事　24-27, 31, 32, 34, 37, 38, 194
design　138-140, 142, 144, 145, 147-149
天王川　86, 89, 90, 91, 94-99, 102, 103, 105, 107
天帝　168, 169
伝統芸能　24, 25, 27, 29, 30, 35
通りすがり　127
都市空間　42, 44, 47, 48, 52, 55, 60
都市と農村　9, 11, 40

ナ行

日常　4, 5, 7, 12, 22, 23, 45, 48, 50, 52, 63, 64, 68-70, 73, 75, 78, 81, 103, 106, 138, 153, 177, 178, 182, 183, 187, 188, 194
人間教育の場　21
ネットワーク　80, 81, 83, 85, 121, 159
農村風景　24, 25, 27, 28, 30

ハ行

場所　29, 30, 39, 42, 43, 45, 49-52, 57, 60, 62-65, 84, 95, 96, 99, 137-141, 151, 178, 190, 193, 194
芭蕉　137, 138, 143, 144, 147, 151
パトス的行為　30, 35, 37
非言語行為　24, 26, 130
フィールドミュージアム　67-69, 72, 73, 78-87, 172
フィールドワーク　42, 44-53, 55, 56, 58, 59, 61-65, 89, 163, 172, 180, 190, 192, 194
風景の感情　138, 143, 150
風景〈物語り〉　24-27, 30, 33, 38
福祉　76, 77, 81, 84, 86, 87, 122
福利　8, 10, 14-17
負の記憶　69
ふるさとの環境づくり（宣言）　75-78, 81, 85
保存　68-71, 86, 172
盆地的小宇宙　24, 25, 29, 30, 34, 35, 39

マ行

幕張　138, 141, 142, 144, 145, 149, 150, 153, 190
まなざし　5, 7, 12, 18, 19, 70, 86, 144
水辺づくり座談会　90, 94, 96, 98, 102, 104, 105
無痛分娩　114, 118-122
目的としての旅　177, 178

ラ行

雷神　169, 170
リプロダクティブ・ヘルス　116, 117
流域社会　68, 72, 81, 83-85
流域自治　79, 83
ル・コルビュジエ　8
歴史的感性　i, 41, 60, 62, 64, 108, 191
歴史の感性　24, 38-40

ワ行

悪いお産　118, 120

執筆者紹介（執筆順、○印編者）

清水　正之（しみず まさゆき）　1947年生まれ。聖学院大学人文学部教授。
　専門：倫理学・日本倫理思想史
　主要著作：『日本の思想』(単著、放送大学教育振興会、2008年)、『国学の他者像―誠実と虚偽』（単著、ぺりかん社、2005年）

長谷部　正（はせべ ただし）　1949年生まれ。東北大学大学院農学研究科教授。
　専門：環境経済学
　主要著作：『農業共済の経済分析』(編著、農林統計協会、2001年)、『消費行動とフードシステムの新展開』（共著、農林統計協会、2007年）

○千代章一郎（せんだい しょういちろう）　1968年生まれ。広島大学大学院工学研究院社会環境空間部門准教授。
　専門：建築史・意匠学
　主要著作：『都市の風土学』（共著、ミネルヴァ書房、2009年）、『ル・コルビュジエの宗教建築と「建築的景観」の生成』（単著、中央公論美術出版、2004年）ほか。

関　礼子（せき れいこ）　1966年生まれ。立教大学社会学部教授。
　専門：環境社会学・地域環境論
　主要著作：主な著書に『新潟水俣病をめぐる制度・表象・地域』（単著、東信堂、2003年）、『環境の社会学』（共著、有斐閣、2009年）。

○桑子　敏雄（くわこ としお）　1951年生まれ。東京工業大学大学院社会理工学研究科価値システム専攻教授。
　専門：哲学
　主要著作：『空間の履歴』（単著、東信堂、2009年）、『風景の中の環境哲学』（単著、東京大学出版会、2005年）。

根津知佳子（ねづ　ちかこ）　1960 年生まれ。三重大学教育学部教授。
　専門：音楽教育学・音楽療法
　主要著作：「語り出す身体」『感性哲学 6』（日本感性工学会感性哲学部会編、東信堂、2006 年）、「音楽が自然に生まれる『場』を再考する」『学習研究』（奈良女子大学附属小学校学習研究会、2003 年）。

谷津　裕子（やつ　ひろこ）　1969 年生まれ。日本赤十字看護大学看護学部・同大学院看護学研究科教授
　専門：母性看護学・助産学・基礎看護学
　主要著作：『看護のアートにおける表現―熟練助産師のケア実践に基づいて』（単著、風間書房、2002 年）、『Start UP 質的看護研究』（単著、学研メディカル秀潤社、2010 年）

小野　育雄（おの　いくお）　広島女学院大学人間生活学部・同大学院人間生活学研究科准教授。
　専門：建築論・建築設計、建築史・意匠学
　主要著作：「スティーヴン・ホールの建築的現象」（単著、『日本建築学会計画系論文集』、第 617 号、日本建築学会、2007 年 7 月、201-206 頁）。訳書：ジョーゼフ・リクワート『〈まち〉のイデア―ローマと古代世界の都市の形の人間学』（共訳、みすず書房、1991 年）。

岡田真美子（おかだ　まみこ）　1954 年生まれ。兵庫県立大学環境人間学部教授。
　専門：環境宗教学
　主要著作：「虫送りの生命観」『日本の環境思想の基層』（秋道智彌編、岩波書店、2012 年）、『地域再生とネットワーク』（編著、昭和堂、2008 年）。

佐々木能章（ささき　よしあき）　1951 年生まれ。東京女子大学現代教養学部教授。
　専門：哲学
　主要著作：『ライプニッツ術』（単著、工作舎、2002 年）、『ライプニッツを学ぶ人のために』（共著、世界思想社、2010 年）。

編著者（執筆者紹介参照）

桑子　敏雄

千代章一郎

感性のフィールド――ユーザーサイエンスを超えて

2012年9月5日　初　版第1刷発行　　　　　　　　　　　　〔検印省略〕

＊定価はカバーに表示してあります

編著者 © 桑子敏雄・千代章一郎　発行者 下田勝司　　印刷・製本　モリモト印刷

東京都文京区向丘 1-20-6　郵便振替 00110-6-37828

〒113-0023　TEL 03-3818-5521（代）FAX 03-3818-5514

E-Mail tk203444@fsinet.or.jp　URL http://www.toshindo-pub.com/

発行所　株式会社 東信堂

Published by TOSHINDO PUBLISHING CO.,LTD.

1-20-6, Mukougaoka, Bunkyo-ku, Tokyo, 113-0023, Japan

ISBN978-4-7989-0142-8 C3010 Copyright©Toshio KUWAKO, Shoichiro SENDAI

東信堂

ハンス・ヨナス「回想記」	H・ヨナス 盛永・木下・馬渕・山本訳	四八〇〇円
責任という原理——科学技術文明のための倫理学の試み（新装版）	H・ヨナス 加藤尚武監訳	四八〇〇円
感性のフィールド——ユーザーサイエンスを超えて	桑子敏雄・藤井一郎編	二六〇〇円
空間と身体——新しい哲学への出発	桑子敏雄編	二五〇〇円
環境と国土の価値構造	桑子敏雄	三五〇〇円
森と建築の空間史——近代日本	千田智子	四三八一円
メルロ＝ポンティとレヴィナス——他者への覚醒	屋良朝彦	三八〇〇円
概念と個別性——スピノザ哲学研究	朝倉友海	四六四〇円
〈現われ〉とその秩序——メーヌ・ド・ビラン研究	村松正隆	三八〇〇円
省みることの哲学——ジャン・ナベール研究	越門勝彦	三二〇〇円
ミシェル・フーコー——批判的実証主義と主体性の哲学	手塚博	三二〇〇円
カンデライオ（ジョルダーノ・ブルーノ著作集・1巻）	加藤守通訳	三二〇〇円
原因・原理・一者について（ジョルダーノ・ブルーノ著作集・3巻）	加藤守通訳	三二〇〇円
英雄的狂気（ジョルダーノ・ブルーノ著作集・7巻）	加藤守通訳	三二〇〇円
ロバのカバラ——ジョルダーノ・ブルーノにおける文学と哲学	加藤守通訳	三六〇〇円
〈哲学への誘い——新しい形を求めて 全5巻〉	N・オルディネ 加藤守通監訳	三六〇〇円
自己	松永澄夫	三二〇〇円
哲学の立ち位置	浅田淳一編	三八〇〇円
哲学の振る舞い	松永澄夫編	二三〇〇円
社会の中の哲学	伊佐敷隆弘編	二三〇〇円
世界経験の枠組み	松永澄夫編	二三〇〇円
哲学史を読むⅠ・Ⅱ	松永澄夫編	各三八〇〇円
言葉は社会を動かすか	松永澄夫編	二三〇〇円
言葉の働く場所	松永澄夫編	二三〇〇円
食を料理する——哲学的考察	松永澄夫	二〇〇〇円
言葉の力（音の経験・言葉の力第Ⅰ部）	松永澄夫	二五〇〇円
音の経験（音の経験・言葉の力第Ⅱ部）	松永澄夫	二八〇〇円
環境——言葉はどのようにして可能となるのか	松永澄夫編	二八〇〇円
環境安全という価値は…	松永澄夫編	二〇〇〇円
環境設計の思想	松永澄夫編	二三〇〇円
環境文化と政策	松永澄夫編	二三〇〇円

〒113-0023 東京都文京区向丘 1-20-6
TEL 03-3818-5521　FAX 03-3818-5514　振替 00110-6-37828
Email tk203444@fsinet.or.jp　URL:http://www.toshindo-pub.com/

※定価：表示価格（本体）＋税

東信堂

【世界美術双書】

バルビゾン派	井出洋一郎	二〇〇〇円
キリスト教シンボル図典	中森義宗	二三〇〇円
パルテノンとギリシア陶器	関 隆志	二三〇〇円
中国の版画——唐代から清代まで	小林宏光	二三〇〇円
象徴主義——モダニズムへの警鐘	中村隆夫	二三〇〇円
中国の仏教美術——後漢代から元代まで	久野美樹	二三〇〇円
セザンヌとその時代	浅野春男	二三〇〇円
日本の南画	武田光一	二三〇〇円
画家とふるさと	小林 忠	二三〇〇円
ドイツの国民記念碑——一八一三―一九一三年	大原まゆみ	二三〇〇円
インド、チョーラ朝の美術	永井信一	二三〇〇円
日本・アジア美術探索	袋井由布子	二三〇〇円
古代ギリシアのブロンズ彫刻	羽田康一	二三〇〇円

【芸術学叢書】

芸術理論の現在——モダニズムから	藤枝晃雄編著	三八〇〇円
絵画論を超えて	谷川渥	四六〇〇円
美術史の辞典	尾崎信一郎	
バロックの魅力	中森義宗・清水忠訳他	三六〇〇円
新版 ジャクソン・ポロック	小穴晶子編	二六〇〇円
美学と現代美術の距離——アメリカにおけるその乖離と接近をめぐって	藤枝晃雄	二八〇〇円
ロジャー・フライの批評理論——知性と感受性の間で	要真理子	四二〇〇円
レオノール・フィニ——境界を侵犯する新しい種	尾形希和子	二八〇〇円
いま蘇るブリア＝サヴァランの美味学	川端晶子	三八〇〇円
ネットワーク美学の誕生	川野 洋	三六〇〇円
——「下からの綜合」の世界へ向けて		
イタリア・ルネサンス事典	J・R・ヘイル編 中森義宗監訳	七八〇〇円
福永武彦論——「純粋記憶」の生成とボードレール	西岡亜紀	三三〇〇円
『ユリシーズ』の詩学	金井嘉彦	三三〇〇円

〒113-0023 東京都文京区向丘1-20-6
TEL 03-3818-5521　FAX 03-3818-5514　振替 00110-6-37828
Email tk203444@fsinet.or.jp　URL:http://www.toshindo-pub.com/

※定価：表示価格（本体）＋税

東信堂

《未来を拓く人文・社会科学シリーズ》《全17冊・別巻2》

科学技術ガバナンス	城山英明 編	一八〇〇円
ボトムアップな人間関係——心理・教育・福祉・環境・社会の12の現場から	サトウタツヤ 編	一六〇〇円
高齢社会を生きる——老いる人／看取るシステム	清水哲郎 編	一八〇〇円
家族のデザイン	小長谷有紀 編	一八〇〇円
水をめぐるガバナンス——日本、アジア、中東、ヨーロッパの現場から	蔵治光一郎 編	一八〇〇円
生活者がつくる市場社会	久米郁夫 編	一八〇〇円
グローバル・ガバナンスの最前線——現在と過去のあいだ	遠藤乾 編	二三〇〇円
資源を見る眼——現場からの分配論	佐藤仁 編	二〇〇〇円
これからの教養教育——「カタ」の効用	葛西康徳・鈴木佳秀 編	二〇〇〇円
「対テロ戦争」の時代の平和構築——過去からの視点／未来への展望	黒木英充 編	一八〇〇円
企業の錯誤／教育の迷走——人材育成の「失われた一〇年」	青島矢一 編	一八〇〇円
日本文化の空間学	桑子敏雄 編	二二〇〇円
千年持続学の構築	木村武史 編	一八〇〇円
多元的共生を求めて——《市民の社会》をつくる	宇田川妙子 編	一八〇〇円
芸術は何を超えていくのか？	沼野充義 編	一八〇〇円
芸術の生まれる場	木下直之 編	二〇〇〇円
文学・芸術は何のためにあるのか？	岡田暁生・吉田寛 編	二〇〇〇円
紛争現場からの平和構築——国際刑事司法の役割と課題	城山英明・石田勇治・遠藤乾 編	二八〇〇円
〈境界〉の今を生きる	荒川歩・川喜田敦子・谷川竜一・内藤順子・柴田晃芳 編	一八〇〇円
日本の未来社会——エネルギー・環境と技術・政策	角和昌浩・鈴木達治郎・城山英明 編	二三〇〇円

〒113-0023　東京都文京区向丘1-20-6
TEL 03-3818-5521　FAX03-3818-5514　振替 00110-6-37828
Email tk203444@fsinet.or.jp　URL:http://www.toshindo-pub.com/

※定価：表示価格（本体）＋税

東信堂

現代日本の地域分化——センサス等の市町村別集計に見る地域変動のダイナミックス	蓮見音彦	三八〇〇円
地域社会研究と社会学者群像	橋本和孝	五九〇〇円
社会学としての闘争論の伝統——ドラッグ・ディスコース・統治技術	佐藤哲彦	五六〇〇円
覚醒剤の社会学	渡邊洋之	二八〇〇円
捕鯨問題の歴史社会学——近代日本におけるクジラと人間		
新版 新潟水俣病問題——加害と被害	飯島伸子・舩橋晴俊編	三八〇〇円
新潟水俣病をめぐる制度・表象・地域	関礼子	五六〇〇円
新潟水俣病問題の受容と克服	堀田恭子	四八〇〇円
組織の存立構造論と両義性論——社会学理論の重層的探究	舩橋晴俊	二五〇〇円
自立支援の実践知——阪神・淡路大震災と共同・市民社会	似田貝香門編	三六〇〇円
[改訂版]ボランティア活動の論理——ボランタリズムとサブシステンス	西山志保	三二〇〇円
自立と支援の社会学——阪神大震災とボランティア	佐藤恵	三二〇〇円
個人化する社会と行政の変容——情報、コミュニケーションによるガバナンスの変容	藤谷忠昭	三八〇〇円
〈大転換期と教育社会構造:地域社会変革の社会論的考察〉		
第1巻 教育社会史——日本とイタリアと	小林甫	七八〇〇円
第2巻 現代的教養Ⅰ——生活者生涯学習の地域的展開	小林甫	近刊
現代的教養Ⅱ——技術者生涯学習の生成と展望	小林甫	近刊
第3巻 学習力変革——地域自治と社会構築	小林甫	近刊
第4巻 社会共生力——東アジアと成人学習	小林甫	近刊
ソーシャルキャピタルと生涯学習	J・フィールド 矢野裕俊監訳	三二〇〇円
NPOの公共性と生涯学習のガバナンス	高橋満	二八〇〇円
〈アーバン・ソーシャル・プランニングを考える〉(全2巻)	橋本和孝・吉原直樹・藤田弘夫編著	
都市社会計画の思想と展開		三二〇〇円
世界の都市社会計画——グローバル時代の都市社会計画	弘夫・吉原直樹・藤田編著	三二〇〇円
移動の時代を生きる——人・権力・コミュニティ	吉原直樹監修 大西仁	三三〇〇円

〒113-0023 東京都文京区向丘1-20-6
TEL 03-3818-5521 FAX 03-3818-5514 振替 00110-6-37828
Email tk203444@fsinet.or.jp URL:http://www.toshindo-pub.com/

※定価:表示価格(本体)+税

東信堂

書名	著者	価格
グローバル化と知的様式——社会科学方法論についての七つのエッセー	J・ガルトゥング 大矢 重澤 光太郎 訳	二八〇〇円
社会的自我論の現代的展開	船津 衛	二四〇〇円
組織の存立構造論と両義性論——社会学理論の重層的探究	舩橋晴俊	二五〇〇円
社会学の射程——ポストコロニアルな地球社会学へ	庄司興吉	三二〇〇円
地球市民学を創る——変革のなかで 地球市民社会の危機と	庄司興吉編著	三二〇〇円
市民力による知の創造と発展——身近な環境に関する市民研究の持続的展開	萩原なつ子	三二〇〇円
社会階層と集団形成の変容——集合行為と「物象化」のメカニズム	丹辺宣彦	六五〇〇円
階級・ジェンダー・再生産——現代資本主義社会の存続メカニズム	橋本健二	三二〇〇円
現代日本の階級構造——理論・方法・計量・分析	橋本健二	四五〇〇円
人間諸科学の形成と制度化——社会諸科学との比較研究	長谷川幸一	三八〇〇円
現代社会と権威主義——フランクフルト学派権威論の再構成	保坂 稔	三六〇〇円
権威の社会現象学——人はなぜ、権威を求めるのか	藤田哲司	四九〇〇円
現代社会学における歴史と批判(上巻)——グローバル化の社会学	武川正吾・山田信行編	二八〇〇円
現代社会学における歴史と批判(下巻)——近代資本制と主体性	片桐新自・丹辺宣彦編	二八〇〇円
インターネットの銀河系——ネット時代のビジネスと社会	M・カステル 矢澤・小山 訳	三六〇〇円
自立支援の実践知——阪神・淡路大震災と共同・市民社会	似田貝香門編	三八〇〇円
[改訂版]ボランティア活動の論理——ボランタリズムとサブシステンス	西山志保	三六〇〇円
自立と支援の社会学——阪神大震災とボランティア	佐藤恵	三二〇〇円
NPO実践マネジメント入門(第2版)	パブリックリソースセンター編	二三八一円
個人化する社会と行政の変容——情報、コミュニケーションによるガバナンスの展開	藤谷忠昭	三八〇〇円

〒113-0023 東京都文京区向丘1-20-6
TEL 03-3818-5521 FAX03-3818-5514 振替 00110-6-37828
Email tk203444@fsinet.or.jp URL:http://www.toshindo-pub.com/

※定価：表示価格（本体）＋税

東信堂

書名	著者	価格
日本よ、浮上せよ！【第二版】——21世紀を生き抜くための具体的戦略	村上誠一郎＋21世紀戦略研究室	一五〇〇円
このままでは終わらない。福島原発の真実	村上誠一郎＋原発対策国民会議	二〇〇〇円
まだ遅くない──原子炉を「冷温密封」する！福島原発の真実		
3.11本当は何が起こったか：巨大津波と福島原発——科学の最前線を教材にした暁星国際学園「ヨハネ研究の森コース」の教育実践	丸山茂徳監修	一七一四円
2008年アメリカ大統領選挙——オバマの勝利は何を意味するのか	吉野孝・前嶋和弘編著	二〇〇〇円
オバマ政権はアメリカをどのように変えたのか——支持連合・政策成果・中間選挙	吉野孝・前嶋和弘編著	二六〇〇円
オバマ政権と過渡期のアメリカ社会——選挙、政党、制度メディア、対外援助	吉野孝・前嶋和弘編著	二四〇〇円
政治学入門——日本政治の新しい夜明けはいつ来るか	内田満	一八〇〇円
政治の品位	内田満	二〇〇〇円
日本ガバナンス——「改革」と「先送り」の政治と経済	曽根泰教	二八〇〇円
「帝国」の国際政治学——冷戦後の国際システムとアメリカ	山本吉宣	四七〇〇円
国際開発協力の政治過程——国際規範の制度化とアメリカ対外援助政策の変容	小川裕子	四〇〇〇円
アメリカ介入政策と米州秩序——複雑システムとしての国際政治	草野大希	五四〇〇円
ドラッカーの警鐘を超えて	坂内一	二五〇〇円
最高責任者の仕事の仕方——最高責任者論	大嶽尾起寛年	一八〇〇円
実践 ザ・ローカル・マニフェスト	樋尾起一	一三三八円
実践 マニフェスト改革	松沢成文	二三〇〇円
受動喫煙防止条例	松沢成文	一八〇〇円
〈現代臨床政治学シリーズ〉	松沢成文	
リーダーシップの政治学	石井貫太郎	一六〇〇円
アジアと日本の未来秩序	伊藤重行	一八〇〇円
象徴君主制憲法の20世紀的展開	下條芳明	二〇〇〇円
ネブラスカ州における一院制議会	藤本一美	一六〇〇円
ルソーの政治思想	根本俊雄	二〇〇〇円
海外直接投資の誘致政策——インディアナ州の地域経済開発	邊牟木廣海	一八〇〇円
ティーパーティー運動——現代米国政治分析	末次俊之／藤本一美	二〇〇〇円

〒113-0023 東京都文京区向丘1-20-6
TEL 03-3818-5521 FAX 03-3818-5514 振替 00110-6-37828
Email tk203444@fsinet.or.jp URL:http://www.toshindo-pub.com/

※定価：表示価格（本体）＋税

東信堂

書名	著者	価格
子ども・若者の自己形成空間——教育人間学の視線から	高橋勝編著	二七〇〇円
君は自分と通話できるケータイを持っているか——「現代の諸課題と学校教育」講義	小西正雄	二〇〇〇円
教育文化人間論——知の逍遥/論の越境	小西正雄	二四〇〇円
グローバルな学びへ——協同と刷新の教育	田中智志編著	二〇〇〇円
教育の共生体へ——ボディ・エデュケーショナルの思想圏	田中智志編	三五〇〇円
人格形成概念の誕生——近代アメリカの教育概念史	田中智志	三六〇〇円
社会性概念の構築——アメリカ進歩主義教育の概念史	田中智志	三八〇〇円
教育の自治・分権と学校法制	結城忠	四六〇〇円
教育による社会的正義の実現——アメリカの挑戦(1945-1980)	D・ラヴィッチ著 末藤美津子訳	五六〇〇円
学校改革抗争の100年——20世紀アメリカ教育史	D・ラヴィッチ著 末藤・宮本・佐藤訳	六四〇〇円
教育における国家原理と市場原理	斉藤泰雄	三八〇〇円
——チリ現代教育政策史に関する研究		
ヨーロッパ近代教育の葛藤		
——地球社会の求める教育システムへ		
ミッション・スクールと戦争——立教学院のディレンマ	関田美啓子編	三三〇〇円
多元的宗教教育の成立過程	前田一男喜編	五八〇〇円
——アメリカ教育と成瀬仁蔵の「帰一」の教育	大森秀子	三六〇〇円
未曾有の国難に教育は応えられるか	新堀通也	三三〇〇円
——「じひょう」と教育研究		
演劇教育の理論と実践の研究	広瀬綾子	三八〇〇円
——自由ヴァルドルフ学校の演劇教育		
教育の平等と正義	大桃敏行・中村雅子・後藤武俊訳	三二〇〇円
〈シリーズ・日本の教育を問いなおす〉		
拡大する社会格差に挑む教育	西村和雄・大森不二雄 倉元直樹・木村拓也編	二四〇〇円
混迷する評価の時代——教育評価を根底から問う	西村和雄・大森不二雄 倉元直樹・木村拓也編	二四〇〇円
教育における評価とモラル	西村・稲垣編	二四〇〇円
地上の迷宮と心の楽園【コメニウス・セレクション】	J・コメニウス 藤田輝夫訳	三六〇〇円
〈現代日本の教育社会構造〉(全4巻)		
〈第1巻〉教育社会史——日本とイタリアと	小林甫	七八〇〇円

〒113-0023 東京都文京区向丘1-20-6
TEL 03-3818-5521 FAX 03-3818-5514 振替 00110-6-37828
Email tk203444@fsinet.or.jp URL:http://www.toshindo-pub.com/
※定価：表示価格（本体）+税